釣魚教我關於做父親的事

Reading the Water:
Fly Fishing, Fatherhood, and
Finding Strength in Nature

●馬克・休姆｜Mark Hume——著　　李仲哲——譯

這本書獻給瑪姬、艾瑪與克萊爾，她們與我一同旅行於山水；同時也紀念查爾斯．布蘭特神父與范．伊根，他們是和我一起走過流水、尋找游魚的朋友們。特別感謝灰石出版社的編輯寶拉．艾爾，以及出版商羅伯．桑德斯，他們對我的信任使這一切成為可能，讓這本書得以誕生。

目次

引言

Introduction

鱒魚和鮭魚利用光、磁力和水的氣味，來尋找返家的路。人們則使用記憶與夢。兩者有時都會迷路。

回顧人生的地圖，我清楚看見各個里程碑，沒有一個比成為父親還要更鮮明、更重要的了。女兒們剛出生不久後，我第一次凝視她們的臉龐，清透白皙，明亮的藍色眼珠努力聚焦，試圖在這世界中尋找自己的位置。我知道，幫助她們找到立足點、穿越森林的小徑，也將是我的奮鬥。我不確定該如何引導她們，但不知何故，感覺這種知識會自然而然地到來，並賜予她們流水與游魚的祝福。

我與釣魚的緣分始於七歲，當時正在尋找一條小山溪的源頭，並在那裡發現了一條似乎一直在等候著自己的鱒魚。自那時起，我從未停止在水中追尋心之所向——不只為了那些藏躲起來的魚，還有解答，以及情感的沉澱與力量。

多年來，我從用手活捉鱒魚，發展到使用浮標和蟲子，再轉而採用更為複雜的手法：以旋繞竿投擲靈動、顏色鮮亮的誘餌到水中。接著，我不可避免地受到飛釣的複雜性所吸引，關於那些細節、儀式與詩意。在我還小時，身旁無人指導，於是我看書自學，並在水畔遇見飛釣者時遠觀他們在空中拋出長長、彎曲的魚線。我一見證那如此優雅的拋投方式，便知道自己也得這麼做。我覺得自己有必要得去瞭解這神祕的謎團。

我很快便領會，飛釣不僅是消遣，更像是教學相長的慰藉。若做得對，飛釣可以是冥想、沉思，一種探尋自然與自身真理的方式。

成為父親後，我引導艾瑪與克萊爾沿著河岸行走，向她們展示如何在受到河流侵蝕而光滑的岩石上涉水，教導她們解讀流水，以及如何以優雅的姿態拋投。這些技巧相對容易教授，但我不知道是否能夠教予她們對釣魚的熱愛，因為這種愛是與生俱來的。然而，嘗試很重要，對於我而言，飛釣已經成為一種在生活中前行的方式，我希望她們也能如此。沉浸於大自然中，飛釣可以增強韌性與內在力量，幫助一個人變得完整。儘管在旅途的起點，我並不知道教導她們釣魚對自己會有多大的幫助，也不知道自己是否會從中獲得力量，但我認為女兒們應該知道這些事情，擁有這些選擇。

飛釣是一種透過熱切的觀察來體驗世界的方式，就這個意義上來說，即是一種精神體驗。其追隨者通常將此描述為宗教而非運動，也確實如此，因為流水、游魚和信仰之間，存在著深刻、古老的人類連結。耶穌魚（ichthus）——兩條弧線相交組成魚的圖形——是基督宗教最早的象徵。而洗禮作為加入教會、通往救贖之路的聖禮，是透過浸入水中來實行的。在神道教中，進入神社前的淨化儀式包括以水清潔雙手與口腔，伊斯蘭教、猶太教與錫克教也遵循著類似的做法。北美的許多原住民文化認為水擁有神祕的力量，因此水出現在成年、婚姻、出生與死亡相關的儀式中。在道教中，水是生命的隱喻，我們這一生都被視為河流，終將無可避免地流向更浩瀚的海洋。

幾乎所有的主要宗教都與水有著強大的聯繫，水可以侵蝕他物、穿透岩石，也可以被身體吸收、構成骨骼；水從天上落下、從地下升起；水還是魚類的生活領域——我對魚這種生物抱持著無窮的迷戀。欲知魚，必得魚；欲得魚，必知水。釣魚的人涉溪蹚河，掂量湖泊之深，體驗潮汐的流動。在探索的過程中，他們對自然之道產生崇敬之情，在內心覺醒融入宇宙的意義。

飛釣教會了我如何在游著鱒魚的溪流、生長著硬頭鱒的河川，以及潛藏著鱸魚和狗魚的小溪與池潭中（牠們總是躲在陰暗之處）任意移動。只要手持飛蠅竿，就像進入領受恩典的狀態，慢慢意識到將魚引至明亮處將是如此美妙、神奇，又具啟發性的體驗。我想讓女兒們知道，只要揮動釣竿，就能將那些隱身的美好生物帶到面前，使牠們令人驚嘆的美得以示人。

野生鱒魚如野花般鮮豔，抓在手中會是很奇異的體驗。在那一刻，其他的一切猶如不存在，我認為艾瑪與克萊爾得體驗這一點，才能領悟大自然中的恆久之美。儘管如此，她們準備繼承的世界、我即將離開的世界，似乎正在慢慢分崩離析。

我在短暫的一生中，親眼目睹了大河因築壩而阻塞、整座森林遭到砍伐殆盡、物種被推向瀕臨滅絕的邊緣、地球的氣候惡化到危及生命的地步。然而，當我將手伸入水裡並觸摸冷血的游魚時，總能從中找到希望。當女兒們開始覺醒，並意識到地球正在轉變時，如果想要相信這個星球能夠受到拯救並復原，就會需要與大自然建立這般的深刻連結。

我起初釣魚時，經常一人在水面上獨行；女兒們長得夠大後，便開始跟著我一同前去。剛開始，我只繞著湖泊慢慢划船，她們則輪流握著釣竿。嚴肅而堅定的艾瑪總是想輪到她划動船槳，如此便能控制小船的行進；愉悅而沉靜的克萊爾則喜歡靠在船邊，以指尖輕輕劃動水面。有時，她們會一起坐在船頭，低頭看向天空的倒影，張開雙臂彷彿要飛翔一般，催促我划得快一些。女兒們長大後，我教導她們拋投的技巧、打血結，以及該選擇何種釣鉤。我還教導她們如何研究水流，以瞭解鱒魚可能位於溪流中的何處。

但我知道，要讓她們成為真正的飛釣者而獲得啟蒙，並學會透過與大自然結合來尊重生命，最終得由魚來教導她們——就如同魚教導我那樣。

——

人的一生彷彿河流，經歷各種起伏變化。它從源頭湧現，於支流中匯聚力量，漫溢出河岸，侵蝕土地並開闢新的道路，接著沉入更龐大的海洋中，水中的混濁逐漸變回起初的清澈。

這本回憶錄講述飛釣如何轉變我的生活——孩提時，發現了流水的祕密；成為父親後，便將這份精神傳承給年幼的女兒們。與我一同深入大自然尋找鱒魚和鮭魚的蹤跡，有助於塑造她們對於這方面的認知，正如我所希望的那樣。我未能預料到的是，這段經歷也反過來深深影響了自己，於彼此間建立起親密的紐帶，使我能夠從中取得力量，在最黑暗的時刻中，總能找到一條邁向光明的道路。

我無法斷言這段故事即是自己生命的總結，也不能說這一切都是如此發生的，但這是我所記得的一部分生命——由一條釣線相連，由流水所塑造。

I

河川的源頭

Headwaters

「我們必須愛上自然世界。唯有出自真心愛著某物，我們才會保護它；
唯有認為它是神聖不可侵犯的，我們才會愛它。」

查爾斯．布蘭特神父，牡蠣河隱居神父

分水嶺

The Watershed

無人教導我如何解讀流水，它自然而然地來到我身上，正如詩歌、舞蹈或夢想降臨於他人那般，於我的童年現身。

我七歲時，對釣魚一無所知，也不知道附近的小溪裡有鱒魚，只被矗立在歐肯納根山谷——我們正居住於此——田園景色之上的山所吸引。我們那座宏偉的農舍坐落於一條長長車道的盡頭，路面泥濘，古老杏樹所投下的陰影籠罩後門，周圍是一片廣闊的果園，蘋果樹、桃樹和櫻桃樹生長於其中，在春日盛開粉色與白色的花朵，夏末則生出閃爍紅、黃色光芒的果實。果園之外，坎貝爾山聳立於我們世界的邊緣，層層覆蓋綠色的樹林，以及枯黃的叢生草。它往山谷的另一側傾斜，成為山下一整片農田的背景——荒無人煙、殘舊寂寥。

我有四個兄弟，兩個哥哥、兩個弟弟。提摩西只比我大兩歲，有時能夠容忍我的存在，我們都對野外的事物很感興趣，總以驚嘆的眼光仰望著那座山。大哥史蒂芬曾和朋友們一起到那兒遠足，我們也想去，於是告訴母親自己要前去探險，隨便跑進那經過精心修剪的果園。她忙著看顧新生的嬰兒、四處奔跑的孩子，還要照料花園、餵食雞隻、幫山羊擠奶，並不知道我們正要離開到很遠的地方，探索陌生的世界。

我們往山的方向前行，徒步穿過一排排井然有序的果樹，直到抵達似乎是文明邊緣的所在——一條狹窄的水渠，沿著斜坡蜿蜒，一路延伸至視線的遠方。隨著山腰上的夏日暑氣而發出劈啪聲響的硬松林，與土質鬆軟、植被翠綠且結滿果實的果園之間，受到水渠的設置而分隔開來。

山上即是荒野，響尾蛇與穴鴞的家。山下則坐落一塊又一塊拼接起來的田園，鶺鴒抬高腳步在裡頭奔跑，最危險的動物是農夫養的狗，有時候甚至是農夫本人。我們聽說過，有一位老人為了防止孩子們偷摘他的櫻桃，會用裝有粗鹽而非鉛彈的散彈來趕走不速之客。

我本想登上那座神祕、沉眠般的山頭——始終屹立於臥室窗前的景色。然而，置身於乾熱的山上，俯視著下方茂盛的果園，我對自己的小世界有了新的看法，意識到心中真正嚮往的，是回到山谷裡，去到流水途經之地。

我以前只在家裡開車進城時，於途中的橋上見過朋提克頓溪。它如一條閃亮的絲帶橫跨整片大地，從坎貝爾山後方的小谷地流溢而出，穿過坡地，注入歐肯納根湖——那是一片波光粼粼的湛藍水域，長達八十英里，傳說名為歐戈波戈、有著馬頭蛇身的食魚生物藏身於湖泊的深處，偶爾會升起而使水面泛起漣漪，並激發人們的想像力。

一層深綠、交錯的植被擁抱著這條溪流的水道，所到之處皆有不羈的生命繁盛生長。對此，我感受到某種磁力吸引著自己。我想去看看它的源頭。

「我們順著水渠走吧。」我對提摩西說道，想著金屬槽中的流水，肯定與山谷中的溪流共享同個源頭。「我們得找出源頭在哪裡。」

於是，一場探索之旅展開。我在不知不覺中，屈服於流水所施展的第一道魔咒：渴望追尋它的源頭，找到淙淙小溪的起源之地。

我們攀爬而上，走在水渠的木樑上，就像踩在鐵軌的枕木上一樣。灌溉用水在我們的腳下閃爍著，往口渴且耐心等著飲水的果園奔流而去。

古老的峽谷因侵蝕而劈裂開來，並露出凹凸不平的基岩，我們看見黃褐色的騾鹿在森林中躍動，優雅的母鹿在公鹿的身旁，公鹿則停下腳步轉動粗頸，以展示自己雄偉的鹿角。一隻毛髮蓬鬆的獾懶洋洋地躺在巢穴的黑暗出口外曬太陽，猶如一把上膛的槍那般危險。

我們不確定牠會逃跑還是攻擊，於是蹲下身悄悄走過，以免被發現。

山腰上的空氣很不一樣，不如果園裡那般柔和、甜美，而是瀰漫著西黃松與仙人掌的刺鼻氣息。我們聽見北太平洋響尾蛇發出輕柔的鳴響，看到牠們慵懶地躺臥於陽光下。只要用棍子一戳，牠們就會捲起棕褐色的結實身體，用尾巴發出憤怒的嘶嘶聲響。紅尾鵟盤旋於上空，垂下翅膀，以刺耳、尖利的呼喊穿透天際，我將學會一生以此作為輓歌，哀悼那些受到威脅或消失的野生動物。在那一刻，紅尾鵟的叫聲猶如荒野中的神祕之音。

水渠是南歐肯納根土地公司於一九〇六年為了促進土地銷售而建造的。水渠支架的傾斜角度稍微小，藉由引力（如同月球繞行地球那般）將流水推進坡地。水渠在我們前方與谷底和朋提克頓溪緩緩匯流，水流在那處彼此交融。我們急忙沿著崎嶇不平的山坡趕去，一路走到水渠的源頭。眼前的景象令人震驚：小溪流向一座水壩，盡頭是一堵巨大的混凝土高牆，形成一道無縫的障礙。在大壩的後方，坐落著該市的水庫，包圍層層的鐵絲網和「禁止擅闖」的標誌。大壩的底部有一座黑色的水潭，由大壩溢出的水形成，表面布滿一層白色泡沫。

身處大壩的陰影之下感覺十分寒冷，它不僅阻礙了野溪的流動，還遮擋住陽光的照射。底部的漆黑水池似乎毫無生氣。水渠從我們眼前展露出來，從鐵絲網的格縫望去，可以看見水來自大壩內部，一條獨立、閃爍的黑色細線朝著我們和陽光流動。

我們步入黑暗。

爬下水渠的木樑之間，踏進水流湍急、深及腳踝的水中，我們躲在隔欄下方，無視「禁止擅闖」的標誌。空中瀰漫水氣，隧道中迴盪湖怪的撞擊聲。我想，這必定是生活於水中的感覺，像游魚一般在水中呼吸著。

眼睛適應了環境後，我們在昏暗的燈光下看見一座小水池。我們在其中發現了鱒魚，牠們被困在水渠中，因為水壩流洩進隧道的速度太快，而無法前往上游，下游的水渠深度又太淺，只能勉強淹沒身體，使牠們感到危險。牠們因此滯留於水池中，以緊密、交織的群體形式移動，如同礦層裡的金子等著被發掘。我們踏進水池時，鱒魚群分散開來，在周圍到處急游，撞到我們的腿上。我試圖抓住那些猛衝的魚兒，但牠們都從我的手中快速溜走，如同拋光的石頭一樣光滑。提摩西舀起一些鱒魚，將牠們困在架子上，我則把更多的魚趕向他，一邊叫喊，一邊拍打水面。幾分鐘過去，最後一群鱒魚消失，一英尺長的魚兒在陰暗中化為虛無。

然而，提摩西那時已經捕到了四條銀色、長有斑點的溪鱒，將牠們拋出水面後，牠們在地上拍打、喘息，直到停止動彈。他將魚懸掛在分叉的柳枝上，作為送給母親的禮物。

她很喜歡摘採野生的食材，以玫瑰果泡茶，並順著溪流採集西洋菜。

這是我第一次見到鱒魚，我深深受其美麗所吸引。牠們如手繪般精緻，塗滿了驚奇的色彩，背部呈深黃綠色，斑紋有著迷人的橄欖色，血紅色的斑點圍繞著藍與冬日般雪白的腹部。我們在旅程中找到寶藏，見證如此完美又生動的存在出乎意料地從水中浮現，因而感到驚訝不已。

這即是魔法，由流水所施展，由水氣所編織。

——

自那時起，我開始夢想著朋提克頓溪，以及捕捉它所隱藏的、寶石般的鱒魚。流水呼喚著我，游魚呼喚著我。

整個夏天，我都和哥哥們與其朋友前往溪邊釣魚和游泳。他們躺在溫暖的岩石上曬太陽時，我爬過岸邊的柳樹叢，凝視水中，研究鱒魚在溪流中的運動。

魚兒藏身在我無法觸及的深池裡，但年紀較大的男孩們教我丟石頭，將成群的鱒魚打散。牠們驚慌逃離安全的深水區，向上流猛衝，又原路折返，並再次改變方向，尾巴以驚人的速度推動牠們急游，直到池子變得空蕩。不知何故，鱒魚們都消失了。

我再次嘗試，將石頭扔進另一個水池，同樣的事情也發生。鱒魚游了一會兒，接著消失無蹤。

牠們究竟藏身在何處？我在池頂的淺水中看不見牠們，那裡的水因爬不上斜坡而倒流。在一九四〇年代，一項防洪工程將自由流動的小溪，改造成一系列梯田式的水池，由混凝土製的溢洪道所連結。天然的急流被鋪平而不復存在。鱒魚在高地的泉水中，能夠從溢洪道往下流，從一座池子流向另一座，但無法回到上游，因為水深太淺、坡度太陡。

那麼，水池裡的魚兒躲避了我們所扔的石頭後，到底去了哪裡？

年紀較大的男孩們告訴我，鱒魚會躲進石縫中，可以用雙手捉住牠們。涉水尋找消失的鱒魚時，我看見水流在混凝土蓋的底部鑿出空洞，那裡的結構重重壓在原生的溪床上，可能就是受驚鱒魚的所在之處——牠們游過淺灘，衝進由流水和沙粒所鑽磨出來的洞中。

置身於溪流中，水深及膝，我沿著溢洪道的底部移動，將手伸進裡面摸索，有鱒魚衝出時便試著抓住牠們，但通常只是感覺到牠們從身邊閃過：冷冽、明亮的電流於水中湧現。我的手指如網子般張開，在縫隙中搜查，盲目尋找著魚，試圖以指尖閱讀溪床的盲文，期盼能在混凝土上鑿出的小洞中，找到光滑而冰冷的鱒魚。

每次前去小溪，我的技巧都有所提升。抓到一條魚後，就會想再抓到另一條。很快地，我帶著四、五串鱒魚返家，全是徒手捕獲的。媽媽很高興晚餐能有如此新鮮的鱒魚，而我這位自豪的提供者，一心只想再捕到更多、更大的魚。每逢夏季，只要一有機會，我便會跑到朋提克頓溪畔，在那兒花上許多時間捕魚。

一場陽光明媚的午後，我開始獨自探索一片陌生的水域。我發現水流在一處的底部旋轉著石子，形成黑暗的靜止水區。我小心翼翼地探查第一個，一條長約一英尺的鱒魚猛然躍出，穿過我的雙腿，消失於下游。我轉向下一個，張開手指以形成網狀，並伸進那片黑暗中，卻感到身上有一片肉被輕易切下，鋒利的刺物穿透軟骨和骨頭。一塊玻璃碎片藏在本該躲著閃亮鱒魚的地方。我抽出手，深紅的血液順著左臂流下，滴落的鮮血在雙腿周圍的水流中旋轉。

有些人喜歡說，釣魚彷彿流淌於他們的血液中那樣，如此自然。我無法忘記這一幕，眼前的畫面不斷重現：我的血與游著鱒魚的溪水交融，鮮紅得如產卵的科卡尼鮭魚那般，隨著水流漂向遠方。

我走回家，手緊緊地抱在胸前，以T恤包裹傷口，深色的溪水與血液染上布料。我站在門口，不願意走進廚房將母親乾淨的地板弄髒。她一看見我便問道：「哦，天啊，你怎麼了？」

醫生在縫合傷口時，說我沒有哭很不尋常，但我只是感到隱隱作痛——疼痛似乎是存於內在的，在體內的某處徘徊著。令我痛苦的並非全然來自傷口，而是意識到自己與川流，以及它所孕育的溪鱒之間的關係，就此發生了變化。

水流一定會夾帶更多碎玻璃，將那些如刀刃銳利的鋸齒碎片散落在河石之間。我想像那些與水一般透明的碎片，潛伏於某處，等待著受害者。我不能再如此盲目地將手伸進暗處了。看著發紫的傷口上布滿黑色的縫線，我意識到自己必須學習以釣竿捕捉鱒魚。

我沒有釣竿，但無論如何，自己都必須得到一枝——離開溪流不在選項之內，也無法想像如此的光景。見到第一條鱒魚從水渠中被拉出來時，我便被深深迷住，而將血流入溪水中的經歷更是令我難以忘懷。朋友們是這麼教我的：在兒時的儀式中，我們割破手指，將血水交融，成為血誓兄弟。

當我將手伸進小溪底部那無光的暗處時，我便知道，自己與流水就此結下紐帶。當我感受到玻璃的尖刺穿透自己、看到血液如紗線受到穿針拉動，我被織入流水之中，流水也被織入我的心中。

六十年的光陰過去，我左手中指的指節上仍留有疤痕。它現在已然褪色，但依舊能看見那光滑、白色的縫線痕跡。
它看起來就像一尾小魚的骨架。
並且記錄了我旅途的起點。

解讀流水

Reading the Water

在徒手捕魚而割傷的幾個禮拜後，我得到了一枝小型的玻璃纖維釣竿和線輪作為生日禮物。拋投時，我一手握著鬆散的線圈，揮動一下，便能將加重的釣鉤扔至數英尺遠。我在草坪上練習，朝著往上放置的棒球帽投擲數個小時，一旁的樹木在風中搖曳，頭頂的雲朵在空中飄浮。我的兄弟們對此沒什麼耐心，只叫我去踢足球、玩捉迷藏或玩槍戰遊戲。然而，我只一心一意地想將釣鉤甩入那磨損的紅帽子裡。

我們雜亂無章的老房子建於二十世紀初，坐落於朋提克頓這座小鎮上方的坡地，鎮上每年都會舉辦桃子節，以慶祝地方經濟的雙重基石——觀光業與農業。我的父母是來自英格蘭的新移民，他們在二戰期間相識，在戰後結婚；母親是婦女地面軍的成員，駐紮在紹斯波特（位於愛爾蘭海沿岸）的一座農場；父親則是一位聽從良心的反戰者，拒絕服役而被關押在那兒。他們兩人都是基督弟兄會的信徒，那是一個脫離主流基督教教義的教會，奉行嚴格的和平主義。他們在戰後來到了加拿大——一個提供嶄新開始的年輕國度。一九五六年，在溫哥華島的幾個社區短暫居留後，我們一家搬到歐肯納根山谷的果園生活。父親在那裡擔任《朋提克頓先驅報》（*Penticton Herald*）的編輯，那是一份小型日報，記者們會在沉重又老舊的打字機上喀啦喀啦地敲打，將那些時限急迫的故事都報導出來。報紙即是父親的生活，他在晚餐時會告訴我們，自己認為我們會感興趣的故事：一個男孩使用割草機時發生意外，失去了手指；或是一位農夫在街上拖著死馬去到垃圾場，而遭到開罰。有一晚，他告訴我們山谷裡發生了一場森林大火，政府人員衝到當地的啤酒館，宣布所有健康的年輕男子現在都得充當消防員。

他似乎活在一個危險又振奮的世界裡，將大部分的時間都花費在工作上——我難以想像他的生活。我們不會一起釣魚，不會一起遠足，不會一起玩傳接球或去露營。我們兩人的生活，對彼此來說都像是個謎。

後來，五個男孩陸續加入這個家庭：史蒂芬排行老大，接著是提摩西，我位居中間，再來才是安德魯和喬納森。母親允許所有孩子們（除了最小的喬納森）在屋子周圍的果園裡自由奔馳，還會帶我們去散步、收集鳥巢、種莢和野生植物，並培養對大自然的熱愛。她會在夜晚為我們朗讀碧雅翠絲．波特（Beatrix Potter）的書，說這位英國作家的婚前姓氏和她一樣。「她可能是我的遠房親戚。」她說，顯然對這種可能性感到高興。對我而言，這意味著彼得兔、母鴨潔瑪，以及傑瑞米．費舍爾先生（牠在睡蓮葉上釣魚時，差點被一條巨大的鱒魚吞掉）都與我們有著某種關聯。母親的生活與我很相近，她會和母雞交談，稱讚牠們下的蛋，也會將山羊帶進廚房擠奶，她是如此溫柔，彷彿來自一個動物們都會說話的地方，且經歷過奇妙的冒險旅程。

其他的男孩們對運動、藝術、放風箏和爬樹展現熱情時，我的興趣卻體現於別處——聆聽流水的歌聲，每年夏日都夢想著穿過果園來到朋提克頓溪，見證自然的美好。

——

果樹——旭蘋果、五爪蘋果和黃魁蘋果，兩側則生有冰櫻桃和瑞德哈文桃子的小樹——在屋子周圍排成一列列長而安靜的隊伍。樹木排列得如此整齊，幼苗彷彿是以砌牆拉線種下的。它們在春季綻放盛開的花朵，花瓣如煙火的餘燼閃耀，花粉則像灰燼飄散，空氣中都瀰漫著芬芳的香氣。

果園之間設有石牆，建於十九世紀末和二十世紀初，當時的農民清理土地後，以冰川消退而掉落的石頭標記邊界。野花和一簇簇的蘆筍在這些手工堆砌的石頭間萌芽生長。

一戰之前，山谷裡建造了灌溉系統，利用重力從山中引水。這使得原本長滿風滾草、黑鼠尾草和仙人掌的乾枯坡地，轉變成鬱鬱蔥蔥、土壤肥沃的果園。坎貝爾山上的水渠幾十年來一直是灌溉系統的核心部分，直到五〇年代漸漸廢棄不用，被管道和灑水器所取代。隨著朋提克頓的發展，山腰上開始建起徒步小徑、道路和冒著黑煙的垃圾掩埋場，酒莊與住宅區最終也進駐坡地。但在我的童年時期，坡地上覆蓋著綿延不絕的樹海，生長著豐碩的果實，放眼望去皆是一整片美好的翠綠，偶爾還能在如今坐落著住宅區的地方，看見位於其中的幾座大型農舍。

父母初次來到歐肯納根山谷時，紳士農民的舊時代正慢慢凋零消逝。我們的屋子是從一位退休的果園主人那裡購得的，他的皮膚就像樹皮一樣深棕又粗厚，是被農業機械化，以及不斷增長的住房需求所排擠的最後一代人。他的家族自一九〇八年起於此扎根經營，但由於沒有子女願意接手，格拉斯先生便將這座莊園轉賣給我們。他親手養護過的果園曾經繁榮、充滿生機，卻被其他農民瓜分，最終又被炒作土地的商人併吞——這些一心只嚮往財富的人，都渴望在此地擴展郊區。

老格拉斯的房子前院兩側種有兩棵巨大的紅杉樹，猶如門戶一般高聳於果樹之上，吸引隼停留在搖曳的樹梢上，虎視眈眈地覬覦我們飼養的雞隻。一隻長得健壯的蘆花公雞會負責守護母雞們，並攻擊任何靠近雞群而被視為威脅的存在——貓狗或小男孩。牠十分可怕，會跳起來以爪子抓傷我的腿，一見到我就會猛地衝過來，我則會立馬逃跑。一日，牠襲擊了我，我盲目揮動棍子，擊中牠的頭部，將牠打暈過去。恢復意識後，牠踉蹌了幾步，滾動眼珠試圖平衡自己，看向我後便往雞舍跑去。從那之後，牠一見到我就會逃走。在往後的人生中，我會教導女兒們在面對霸凌時，要勇敢站出來抵抗——這是我從一隻雞身上學到的教訓。

我們的家建在一座高台上，四周包圍著低矮的乾砌石牆，車道則圍繞在一旁。挑高的設計讓整棟建築顯得相當雄偉，彷彿統治著周遭的果園。前門內的大廳鋪設色調豐富的橡木護墻板，寬廣的階梯通向樓上的臥室，那裡貼有奶油色的壁紙，並在其中點綴著深紅色的橡木葉。在一樓，從前門大廳往內走，會到達以木頭裝飾的客廳，裡面配有一座大壁爐，上方掛著一幅蘇格蘭浪漫主義風格的油畫，描繪一頭高貴的公鹿站在崎嶇的岩石上。

這棟屋子約值五千加幣，與我們之前在朋提克頓以南幾英里的斯卡哈湖畔租用的兩棟果園小屋相比，是非常顯著的變化。搬進新家時，孩子們在廣闊又開放的房間裡奔跑，對如此寬綽的空間感到敬畏，並發現格拉斯先生留下一系列的橡木家具，上頭裝著黃銅的把手、有雕飾的床頭板或蘆葦形狀的桌腳。他繁榮一時的家族，在果園盛放對未來美好的允諾時，從英格蘭進口了這些家具——不過，好景總是不長。這些受到遺棄的家具由古老的英國橡木製成，散發蜜褐色的光澤，其歷史可以追溯至十九世紀。一張梳妝台的抽屜底部還寫著「繞過合恩角，揚帆航行」。

這些家具從英國橫跨大西洋，大約六十年後，我那幾乎身無分文的父母將所有財產都裝進幾個箱子內，乘坐遠洋郵輪抵達加拿大東岸，再搭上越洲鐵路前往溫哥華島——長子史蒂芬一路隨行，母親那時還懷著次子提摩西。兩年後，我在維多利亞出生，弟弟們也在幾年後接著誕生。我們在西岸的各處小鎮住了幾年，隨後搬進了老格拉斯位於朋提克頓的屋子裡，老果園環繞四周，游著鱒魚的溪流則在不遠處。

——

我出發前往朋提克頓溪，穿過整齊排列的果樹，走到溪谷之中，大自然的混亂在那兒重獲掌控，野櫻、柳樹和棉木依著溪流盤根錯節地生長。我提著新釣竿，滿懷希望。透過灌木叢，可以看見鱒魚浮游在水流中，上次的旅途中曾見過牠們，只是最後被那片碎玻璃給搞砸了。

每個池子中都有十幾條以上的溪鱒，但用釣竿捕捉牠們，並非如扔石頭那般輕鬆簡單。我先讓浮標順流而下，下方掛有一條蠕蟲，將釣線延伸使浮標到達魚群所在之處。我不斷嘗試如此，但塑膠浮標經常被一陣突發的水流或風推離軌道。我在灌叢間移動，有時也會讓鱒魚受到驚嚇。然而，隨著每次的外出，我學會更隱密地移動，盡量不製造任何動靜，並在研究這些魚的過程中，發現溪鱒會刻意處在同一位置。牠們不會到處尋覓食物，而是會待在合適的位置，讓水流為牠們帶來昆蟲或其他食物，如此便能毫不費力地轉向一側或向上傾斜，以捕捉獵物。

這即是一場啟示——自然是存有秩序的，對我而言，訣竅是將自身融入其中，找到流向鱒魚的水流，只要做得對，浮標會沿著溪水的縫隙漂流，蠕蟲將更自然地被帶給伺機而動的鱒魚，獵物一旦咬上魚餌，浮標便會上下擺動。當溪流以如此自然的方式為魚兒獻上食物，牠們無從抗拒。

我必須等到浮標完全拉入水下才能拖拉魚鉤，若是太早拖拉，魚會帶著嘴裡的蟲餌逃走，塑膠浮標則會大聲又快速地跑回水面上，嚇跑整個魚群。

學著等到魚將整個誘餌吃掉是很困難的，但是屏住呼吸很有幫助。在成功釣到第一條鱒魚並濺濕雙腳後，我開始迅速進步。用釣竿捕魚的第二年夏天，我又帶回了一串串鱒魚，將牠們如野果般吊在柳枝上。想要捉到更多魚的衝動在我內心湧現。我總是欲求不滿，釣到一條後就會想要再釣另一條。

我還沒學會節制和放生，總是將捕捉到的每一條魚都殺死。我在溪邊清理牠們，將內臟留給飛鳥、烏龜和蛇。我在廚房清洗鱒魚，試圖讓牠們保持拉出水中時的美麗，但只見到牠們光滑的皮膚皺起，顏色漸漸淡去。死亡使牠們變得蒼白，綠色蒙上一層深灰，鮮豔的紅點如生鏽般消退，原本柔軟的身體如今僵硬不堪。放置在料理台上時，牠們已經不再是我當初從溪流裡捕到的生物，曾經的生機勃勃成了一片死寂。我為此感到遺憾，但這不足以質疑我的角色；釣魚是我的本能，將鱒魚帶回家證明了我的技能。

大部分的夏日，我都和兄弟與朋友們在溪邊一同度過，我們釣魚、游泳，找不到鱒魚時，我就會去追趕有毒的水蛇或錦龜。我順著小溪的上下游釣魚，從溪流匯入歐肯歐肯納根湖的地方開始——我在那兒看見鯉魚像飛船一樣徘徊於碼頭，直到大壩的底部——我在那兒將魚餌投入從未出現過魚又感覺十分危險的漩渦裡。我知道這條充滿活力的溪流，在大壩的後方形成了不對外開放的湖泊。我們常常透過鐵絲網凝視那片湖，想知道在一座無人活動的湖中釣魚，會是什麼樣的感受。然而，那裡都定期巡邏，要是公然釣魚肯定會被抓住。

一日，我和朋友高迪（他和我一樣喜歡釣魚）爬上大壩旁的岩石，鑽過包圍水庫的鐵絲網上的破洞。即便上頭貼著「禁止擅闖」的標誌，我們依舊決心要在朋提克頓溪注入湖泊的高處釣魚。史蒂芬以前曾和喜歡冒險的朋友去過那裡，我在地圖上看見一條藍線從山裡延伸，為水庫供水。史蒂芬說那裡有一片名為城堡岩的大水池，溪流在附近自由自在地流過一片野生森林，遠離水利局巡邏人員的嚴密監視。

我想去那裡，親眼看看那條溪流。

高迪和我沿著水庫旁的側道跑去，找到小溪後，順著它一路往上走。與設有混凝土溢洪道的下游溪流不同，水庫上方的溪流未受汙染，保持著原始的樣貌。溪流穿越一塊一塊的岩石，在森林中迴響合音的歌聲。彎道處形成深潭，一想到那裡可能藏著什麼樣的鱒魚，我的心便不禁跳動起來。遠離熙熙攘攘的街道、修剪整齊的草坪與整理乾淨的果園，遠離一切凡世的塵囂，我驚嘆於荒野中的大自然是如此美好，在這靜謐而原始的所在，創造出自己獨立於外的世界，以自己的方式欣欣向榮。

我們釣魚、漫步，並聆聽鳥兒在樹冠上歌唱。在那條禁忌的溪流旁，我看見如板岩一樣深黑的水池，裡頭出沒一條大鱒魚，牠從岩石下游出又返回一片陰暗之中。

我屏息了片刻。

我從未想像過會有如此碩大的鱒魚，我們捉到的溪鱒大多十二英寸長，一個大男孩曾釣到十八英寸長、約兩磅重的鱒魚，那是我當時見過最大的鱒魚，十分壯觀。

而現在，我站在溪流中，浸濕鞋襪與牛仔褲，離一條至少有五磅重的大魚只有一步之遙，身處於可以拋投的範圍內。我揮舞加重的釣線，使其落在只有一個棒球帽大小的水域上，看著蟲餌沒入岩石的陰影之下。沒有任何動靜，我知道蠕蟲需要呈現得自然，才能瞞過這樣巨大的魚，使其上鉤。

我將重量減去，再次輕輕拋擲，放出釣線，讓蟲餌自然地隨著水流緩緩漂移。蠕蟲沿著陰影的邊緣翻滾起來，在魚鉤上扭動，鱒魚游了出來，隨意地轉身將誘餌帶回藏身之處。

我收緊釣線，接著便是一陣巨大的拉扯，震動沿著線傳遞而來，透過釣竿傳到我的雙手和手臂上。

這條大魚拉得比其他魚都更奮力，那些過去的、將來的，都無可比擬。

我向後踉蹌退去，將那條不斷掙扎的鱒魚從深水拖到淺灘，朝著鋁製的網子拉去——看見這條魚的巨大，高迪睜大雙眼，一邊咒罵一邊朝著我跑來。他猛撲上去，但沒有擊中，於是又嘗試了一次，將網子塞到扭動的魚兒下方並抬起。然而，網子實在太小，鱒魚掛在那兒，頭部伸出一側，尾巴和下半身則伸出另一側。我們誰也沒動，牠卻劇烈掙扎，將網子打掉，擺脫了魚餌，重重跳回我們腳邊的水中。

牠就此消失，回到那神祕的陰暗深淵。最後只見到牠那強壯的尾巴擺動，拖著一絲氣泡離去。我愣在原地說不出話來，雙手顫抖不止，心生失落。

「獵物就這樣跑走了。」高迪說。「你本來可以把自己的照片刊登在報紙上的！」的確，但不是現在。沒人會想在報紙上讀到關於丟失一條魚的故事。我感到頭暈目眩，就像傑瑞米．費舍爾先生一樣，被一條巨大的鱒魚吐了出來。

那天下午，我們偷偷溜出水庫，水利局的卡車沿著側道駛來時，我們便躲在灌木叢中，車子的引擎緩緩運轉著，彷彿在嗅聞空氣以尋找闖入者。我們一動不動地躺著，釣竿放在身旁，待卡車消失在視線之外後轉身跑開。

越過鐵絲網，我回頭望向水庫，水面波光蕩漾，茂密的植被標誌出溪流的位置。冒這風險是值得的。我們找到了溪流的源頭，還以野生鱒魚重新定義我釣魚的極限。我那天才意識到，人也是有可能被魚征服的。

起初，我對失去牠而感到難過，但最後才發現，每個人一生中都該失去一條大魚，且越早失去越好。像這樣的大魚會縈繞在腦海中，永遠活在記憶裡，得花上一輩子的時間去追尋牠，試圖在任何水域中捕獲牠——這確實是一件很美好的事。

咒語已經施展——我此後便無法隨意經過任何水域，而不仔細勘查水面，思考那裡是否潛伏著一條大魚，在深邃的黑暗中蠢蠢欲動。

我知道一定有，只是得找到牠。

——

我彷彿在潛移默化之下，開始相信釣魚是我的使命。我在水中探尋奧祕，當其他的男孩們都只想著女孩，或是加入籃球校隊時，我在思考朋提克頓溪，思考它在季節下的變化、溪鱒的行為模式，以及下次能走到上游多遠。我當時並不知道，那條溪流早已被飛釣者稱為「家鄉之水」——一個與他們息息相關，有著深刻聯繫的地方。然而，這種聯繫在後來被硬生生切斷了。

「我找到了一份新工作。我們要離開朋提克頓了。」有一天，父親如此宣布。我們將要搬到一座遙遠的大城市，我對那裡一無所知。我唯一知道的是，自己得找一條新的溪流來作為新家了。

亞提姆溪

Atim Creek

十歲時，我跟著家人搬離歐肯納根山谷，帶走古董家具，留下那宏偉的老房子、蒼翠茂盛的果園，以及朋提克頓溪的魔力。

我們從英屬哥倫比亞向東穿越洛磯山脈，抵達亞伯塔中部的平原，沿路景色的變化令我迷失方向。在這新的省分，鄉村沒有山脈可以依靠，土地上長滿細小卻強健的樹木，而非翠綠的果園。位於愛德蒙頓的新家附近，坐落著一座深谷，那裡的米爾溪中沒有鱒魚，反而是條相當黯淡、流速緩慢，且夾帶泥土的細流。我並未在那兒釣魚，只是沿著小溪順流而下，看見它流進一處的管道，沒入湍急的北薩斯喀徹溫河，並消失無蹤。

薩斯喀徹溫河流經愛德蒙頓的市中心，距離我們位於郊區街道上、塗有灰泥的綠色房子不遠。然而，它並不像我以前見過的、會在冬季結冰的流水；春季期間，它像一輛失控的列車，於拐角處嘎嘎作響，渾濁的冰塊在一片混亂中推擠碰撞；夏天時，河水中的淤泥則相當嚴重，會在流動中發出緩慢的啜吸聲。

我不知道該如何在這如此廣大、泥濘且混亂的水域中釣魚，無法想像裡頭究竟游動著什麼樣的生物，於是將釣竿收進櫥櫃裡，並闔上釣具箱。這是一個錯失的大好機會，因為那條河裡生活著似鯡月眼魚、玻璃梭鱸、白斑狗魚，以及山地柱白鮭，但我當時對這些一無所知，也無人指點。我沒有在河岸徘徊，於濁水之中尋找游魚的身影，而是在城市裡過上普通的生活——在街角游蕩，在校園打架。與大自然脫節，沒有流水能夠作為隱退藏身的家，無從理解的憂慮鑽進我的心中，困擾著我的靈魂。然而，母親理解這般的困境，她肯定在我們努力適應生活轉變（一時之間從農村搬到大城市）的過程中，看出了這一點。一年後，她開始說服父親搬出愛德蒙頓，到鄉下租間房子，好讓兒子們能夠重返大自然的懷抱。

我沒有聽見那些徹夜的長談、懇切的對話，但那想必非常艱難。住在愛德蒙頓，父親離工作地點只要短短的車程；搬到鄉下則意味著，將來的每一天都需要長時間的來回通勤。

母親堅持認為，這座城市不適合她的孩子們。她在愛德蒙頓郊外四十分鐘的路程處找到一座農舍，坐落在一片麥田、灌叢和墨黑的沼澤之中。我們於是搬了過去，遷進一間裝有白色護牆板的農舍，最近的鄰居有一英里之遠，隔著連綿起伏的麥田，看不見遙遠的彼此。鄉村的道路上沒有裝設路燈，這些路將土地整齊劃分成各六百四十英畝的區塊，暮色降臨時，滿天群星彷彿一張偌大且閃耀的毯子，開展在夜空裡，似乎就漂浮在頭頂上，卻又同時遙不可及。

我們透過吱吱作響的手動幫浦從地下取水，並在火爐裡燒柴。我們還在廚房水槽裡洗冷水澡。屋子一旁有搖搖欲墜的雞舍，以及飽經風霜的紅色穀倉，裡頭堆滿了乾草和老鼠。一條木板走道從廚房通向戶外廁所，那裡在寒冷的冬季會結冰，只有一盞光禿禿的燈泡獨自照明著。

這也許聽起來相當嚴苛，但對我們而言已經足夠，甚至更好——每天都有向大自然學習的機會，只要走出門外即可。

房子建在開闊的土地上，農夫們為了耕作而清理出這一大片的區域，但原生的森林仍然緊貼著邊界。田野周圍留有樹木，以抵禦猛烈的狂風，它們堅韌而多節的樹幹無論在何處都能頑強生長。屋外生有一片茂密的顫楊和優雅的白樺，樹皮潔白如紙，刻著黑色的疤痕——若是能解讀這些符文，或許就能揭示森林的奧祕。這裡的灌叢相當大，有時覆蓋不只一塊土地，足以讓我在裡頭迷路上一整天。而我也很快便瞭解到，比起歐肯納根山谷的人工果園，這片草原的森林裡生活著更多元、豐富的野生動物。

父親在城裡為《愛德蒙頓日報》（*Edmonton Journal*）工作，母親在鄉間全職持家，我們則在樹叢間自由奔跑、玩耍。只要口袋裡有三明治，還有狗兒在一旁保護我，我便能消失一整天，完全沉浸在荒野的洗禮中。

鄉村對我父親而言意義不大，但如此安排很適合他。作為一名政治記者，他總是疲於奔命，每當工作到很晚，就會在城裡過夜，這樣的情況很常發生。父親在外幾晚才回到家後，我總能感覺到緊張的氛圍充斥屋內，母親的眼神訴說了一切。我那時只有十一歲，卻知道大人的世界裡潛藏著破碎與危險的事物，猶如水中的一塊玻璃，蟄伏在最深暗之處。一絲黑暗悄悄蔓延到我童年的純真快樂之中。

我將那些擔憂都留在了森林中，跑過樹木和斑駁的陽光，風在樹冠上吵吵作響，聽起來像湍急的水流。朋提克頓溪向我展示了鱒魚的隱密世界；此時此刻，這整片草原庇護著我、吸引著我，揭示了一個充滿野鳥與奇異生物的世界——飛鼠如紙飛機般在樹林間滑翔，以及一邊奔跑一邊發出嘎嘎叫聲的豪豬。

林中迴響著霸鶲和綠鵙的歌聲，松雞在灌木叢中發出嗡嗡低鳴，兇猛的隼則從天而降，折斷獵物的脖子。雉雞沿著籬笆奔跑，重重拍打翅膀跳起，並發出憤怒的叫聲。白靴兔散布在灌叢之中，到處跳來跳去，體型更大的白尾傑克兔則在寬闊的草原上飛奔，速度如此之快，身影很快便消失在眼前，變成一抹棕色的光斑。

銀河在夜空盤旋，烏林鴞的叫聲從森林傳進臥室的窗邊。有一次，我在月光下看見加拿大山貓踏著如坐墊般大的腳掌悠然而過，像雪花飄落在雪地上一樣寂靜。牠行走在自己的影子上，沒入樹林的陰影，一邊奔跑一邊讀著神祕的符文。

我在探險的過程中發現了一條森林小徑，那處的草地被一代又一代的白靴兔踩平，牠們用小而有力的雙足將自己的生命銘刻在大地上。我跟隨著那些兔子的蹤跡，踏上牠們走過的步伐，一路穿過樹籬並進入茂密的柳樹林，彷彿即將進入一個祕密的世界。我在森林裡看見牠們隱藏的身影，白天在小巢裡休息，夜晚則出來覓食。

一年秋季，天氣轉寒，但並未下雪——這是對自然節律的背叛。白靴兔那夏季的棕灰色皮毛，本來在整個秋季都會是完美的偽裝，卻因冬季的延遲而穿幫。牠們的皮毛變成白色，我看著牠們一動不動地坐在光禿的森林中，確信自己隱形，但其實像旗幟一樣醒目。我只要和牠們有目光接觸，或悄悄地靠近，牠們便會受到驚嚇，跑回灌木叢中，一路閃爍白光。白雪終於紛紛落下時，牠們再次隱身，融入一整片白茫茫的世界，我只看得見牠們在林中跳躍的足跡，大大的後腳印顯示牠們行進的方向。

除此之外，還有更深的小徑，是豪豬將樹枝的嫩尖拖行到洞穴裡所磨損出來的痕跡。一些有年月的豪豬巢穴幾乎大到足以讓我爬進去，我將頭探進黑暗中，聽著下方的動靜，並聞到充斥隧道的霉味。在巢穴的附近，我必須小心留意掉落的刺，它們就像飛鏢的尖端一樣細長而致命。有些刺扎進了我的手裡，我用牙齒咬住輕輕拔出，可以見到倒鉤上留有微小的粉色組織。

一條小徑又通向另一條。

接著，我又有了重大發現——一條閃亮的深色水流穿過柳樹，橫越田野。我十分想念朋提克頓溪，但發現亞提姆溪蜿蜒流過離我們家幾英里遠的草原，還聽學校的男孩們說那裡可能有白斑狗魚，讓我再度燃起了希望。於是，我翻出釣竿，檢查釣線，綁上魚餌，並放回櫥櫃裡。光是準備就緒，就讓我感覺舒坦許多。我開始計畫徒步去小溪釣魚，盡量越快越好。

——

我們住在距離斯布塞格路夫這座農業小鎮外的幾英里處，小鎮由一家雜貨店、加油站、學校，以及一群圍繞在大型升降機（屬於當地農業組織）的房屋所組成。這座村落猶如迷失在遼闊的草原裡，蜷縮在黑暗中，每晚都會響起民防警報，向外宣稱自己的存在。晚上九點，一道淒涼、機械般的哀號在星空中升起；剛開始低沉，但音量逐漸增大、音高上升，幾分鐘後失去能量並陷入靜默，只留下一片萬籟俱寂的真空，等待大自然以自己的聲音填補上去。

警報並非危險的警告，而是村議會在提醒所有兒童（特別是青少年），是時候該回家了。那是宵禁的呼喚，但學校也告知，若警報在白天或是晚上的其他時段響起，則表示蘇聯的襲擊即將到來。老師們也說，若不幸發生核武攻擊，我們應該蜷縮在課桌下，以抵擋最初的衝擊波，並躲在室內直到核輻射穩定下來。我想像著具有放射性塵埃的浮雲一路飄過田野和樹叢，如冬雪落在大地上，發出輕柔的嘶嘶聲。我思忖著，白靴兔、雉雞和其他動物們又該躲在何處面臨這般的浩劫？

對我而言，每晚的警報，或更確切來說是它結束後所湧入的噪音，是對荒野的呼喚，訴說農舍附近的森林裡隱匿著不為人知的祕密。宵禁一響起，我便打開後門，聽著郊狼以嚎叫回應，牠們悲傷、肅然、恐懼的聲音在夜空中交織，分散的狼群重新聚合。牠們又叫又嚎，發出長而響亮的野性呼喚，回應在遠方迷途的郊狼。家裡的狗兒站在我身邊，毛髮豎立，發出低沉的粗音，緊貼在我腿上，在外頭傳來的嚎叫聲中顫抖不止。

我很少在白天目擊郊狼，但當狗兒突然停下，身體僵硬、抬高胸部，擺出虛張聲勢的姿態，我抬頭便會看一頭郊狼如幽魂般穿過田地，或是站在籬笆上注視著我們。郊狼宛若一縷煙霧，出現又隱沒，很難察覺動向。牠就駐足在面前，惡狠狠地盯著我們，隨後便消失得無影無蹤。

然而，每晚的警報所引來的高歌都清楚表明，郊狼的數量遠比我們所見過的還要多；在農舍的周圍就能聽見數十頭郊狼的悲鳴。牠們的叫聲尖銳而刺耳，距離是如此迫近，聽起來就像在照映燈光的門廊之外，埋伏於暗處伺機而動。每當狼群的嚎叫響起，我便會關上門，將狗兒拉回屋內安置。

郊狼們會在農舍周圍獵捕囊鼠和野兔，但一逮到機會，就會闖進院子裡殺死雞隻或家貓。我知道牠們也有本事引誘我們養的狗兒，假裝要玩耍，卻將牠拖進黑暗的森林中，任由狼群殘酷地撕碎，最終只剩下幾簇毛髮，也許還有牠的腳。

樹林裡布滿了白靴兔的蹤跡，以錯綜複雜、難以理解的方式形成穿越森林的小徑。二哥提摩西在小徑的交叉處設置陷阱，竅門在於猜測數以百計的路徑中，哪些有穩定的使用，哪些則鮮有動靜。

鄰近農場的克里族男孩教他將柳枝編制成小籬笆，以引導野兔走進陷阱裡，一旦觸動到誘餌，就會被緊緊夾住腿部。提摩西只有幾個這種的捕獸夾，上頭沾滿血跡、如鐵鏽般棕褐，也有用柔軟的銅線設置圈套，緊緊套入動物的脖子，割進骨肉。在這兩種死法中，屬捕獸夾最為殘忍——但其實也差不了多少。

捕獸陷阱在本質上的殘酷與其高效性無可否認。看見提摩西在廣闊草原上的一小片灌木叢中，設下如此有效率的小陷阱之後，我思考著若是商業獵捕——這個國家最基礎的產業——沒有在這幾個世紀以來從這塊土地上剝奪數以萬計的野兔、河狸、麝鼠、山貓、郊狼、狼獾、水貂和狐狸，對於我，以及下個世代來說，自然世界會是什麼樣子。毛皮貿易的確能為偏遠地區帶來經濟利益，但也大大地削弱了自然環境，將這塊生機蓬勃的土地徹底榨乾，徒留一片荒蕪。

那時的我並不怎麼擔憂這些，只是對捕捉野生動物的知識感到十分敬佩。我們吃了野兔，即便充斥野味，但肉質嫩得如柳芽似的，很是新奇。我也知道死亡在大自然中無所不在，如果我們不動手，也會有其他動物這麼做。我從隼的鳴叫、郊狼的嚎吠，以及山貓在林中深處的悄聲潛行，聽見了這則訊息。我在森林中的白骨與沾滿血跡的毛髮之中，也看見了這一切。我們會研究獵殺發生的地點，試圖從交錯混亂的足跡，以及混合著毛髮與糞便的殘留物中，識別出獵物的身分。

有時我會和提摩西一起巡視他的陷阱，走過一片覆蓋著蒼白雪衣的寂靜森林，在零下三十度的環境下，我們的呼吸刺痛，雙腳太過冰冷而感覺不到地面。我們成為了雪，鼻孔裡也結出銳利的冰刺，每隔幾小時就得生火來解凍麻木的腳，坐得離篝火如此之近，靴底都開始冒起了煙。

發現野兔時，牠們通常都已死在陷阱裡，屍體有時還很新鮮、軟弱，毛皮柔順且溫暖。但是，更常看見牠們凍結在地上，扭曲著身子，被一條細線緊緊勒斃，粉色泡沫在嘴邊結冰。死亡有自己獨特的樣貌，就像鱒魚那樣，毫無美麗可言。我明白殺戮是依賴土地生活的代價，但比起冷血的魚類，看著柔軟而可愛的野兔死去，更難擺脫這所帶來的陰影。

和魚有所不同，野兔會放聲哭喊，發出悲傷而痛苦的哀鳴，一生聽過一次便無法忘懷，難以抹去這般沉重的悽愴。我學會以吸吮手背來發出這種聲音，站在灌叢中模仿兔子受害的叫喊，吸引狐狸、鼬鼠、渡鴉和隼前來。小動物所發出的痛苦哀號，總能在森林裡召喚出飢腸轆轆的飛禽走獸。

有時，捕獸線只會在雪地上留下一攤血跡，以及一陣混亂的足印，其中敘述著一段痛苦不堪的故事，並摻雜著一塊毛皮，或是夾在陷阱中的野兔腳，其他的一切都被吞蝕殆盡。

「是郊狼，」提摩西說，研究著足跡，「牠們偷走了我的線。」

他曾送給我過一隻兔子腳以求得好運，但一想到它的主人是如此痛苦地死去——先是被陷阱困住，再被掠食者活活啃食——我後來便將它埋在森林裡的白雪之下，願其好好安息。

提摩西總是在設置陷阱。我跟在後頭，背著弓和一袋柳枝製成的箭。松鼠在周圍的松樹上嘎嘎作響時，我向牠們射箭，箭矢不完美的箭桿通常會偏離目標，從糾結的樹枝上反彈，或是重重地射入樹幹，發出沉悶的一響。有時，松雞會從地面上轟隆隆地飛騰，雪花隨之飄起，一枝箭飛越牠的身後，只求能在飛行路線上停留片刻，再無力地落到地上。

我從未用弓箭殺死過任何動物，除了一隻倒楣的豪豬，牠跌跌撞撞地闖入空曠的田野，被一個不懂事的小男孩給抓住。豪豬死後，我撫摸牠光滑的尖刺，小心翼翼地將牠翻過身，其鬆弛的身體上豎立著帶有倒鉤的刺。我看見那毫無防衛的腹部——牠所深藏的脆弱之處——才明白牠們一直緊抓著地面的原因，即便背上長滿了駭人的尖刺，腹部卻只有柔軟的毛髮提供保護。跪在豪豬癱軟的屍體旁，我第一次見到牠帶著乞求的棕色雙眼，以及那溫和而慈祥的面孔。我將手放在牠的肚子上，一度溫暖的所在，如今變得冰冷、僵硬。

年輕時，總是很難理解死亡；當自己是親手造成死亡的人，它便會緊緊抓著始作俑者不放，使其漸漸喪失力量，讓軟弱與無助趁虛而入。那一刻永遠不會離開我——獵人、無辜的獵物、無法給予的寬恕——我將在往後的歲月中背負著這道陰影，走完一生。

那日，我穿過森林回家，狗兒在身後靜靜地跟著我，而不是在身前跳躍著想玩耍。我知道，牠不認同這場殺戮。那時並不需要食物，那隻豪豬的死毫無意義。

不過，我還是將弓箭保留了下來。在樹林間攜帶武器意味著我是一名獵人，有一天可能會捕到肥美的松雞或野兔，為餐桌添增美味的菜餚——這讓我感到自己屬於大自然，屬於這片荒野。只要狩獵，就會與森林融合為一體，而不僅僅是個局外人，與此地分隔。身為獵人，森林進入了我的內心，如同自己進入森林那樣。

家裡養的狗兒總是跟在我後頭。牠是一隻金色的邊境牧羊犬，在搬離歐肯納根之前被我們收養。一次周日，一家人開車經過朋提克頓溪附近的綠山道路，準備前去溪邊採摘西洋菜，我們在那時發現一隻小狗蜷縮在溝渠裡。

「好像是被棄養的。」母親說，男孩們便吵著要將那團毛絨絨的小東西抱到車上。五

○年代出產的普利茅斯汽車緩緩停下，父親俯身看向窗外。

「好吧，快去把牠撿過來。」他說。我急忙跑出去，將小狗抱回來。那時牠只有幾個星期大，母親以奶瓶餵養溫羊奶（產自家裡養的山羊），讓牠活了下來。

牠在斯布塞格路夫成長為一隻獵犬，學會在長草地裡追逐獵鳥，並在森林的樹冠中尋找松鼠。牠會對樹上吠叫，將受到激怒的松鼠趕出藏身處，跑到樹枝上對那隻煩人的狗吱吱叫，給了我射擊的機會。我的箭總會射偏，但如此近的距離已經足夠令人興奮，這樣或許更好。

牠和我一同在森林中狩獵，沿著一條土路遠足，那條途徑一路通向北方，一直延伸到地平線的盡頭。沿途，山脈道路橫過亞提姆溪，幽暗的流水緩緩穿過灌叢，彎入柳樹林，最後流向亞提姆湖、大湖與鱒魚河。小溪從樹根下蜿蜒流過，途經河狸壩，在春天時溢流進農場的溝渠中，狗魚會在淹沒的草地上捕食小鴨和老鼠。這與游著閃亮鱒魚的溪流大不相同，和我的認知相差甚遠，但我喜歡它的野性——不受馴服、不受約束，魚兒有時也會在淺灘中顯露身影。

狗魚的藍綠色偽裝能完美地融入水草，但其深色的陰影出賣了牠，若仔細觀察，可以清楚看見牠金色的豆狀斑點，形態也會呈現出來。我有時只看得到尾巴在水流中搖曳，身體的其他部位埋沒在水草中：蟄伏在水中的獵人伺機而動。

白斑狗魚身長而窄，背部呈深色，帶有斑點的背鰭位於身體後部，靠近尾巴。牠們有鴨嘴狀的口鼻、巨大的犬齒狀齒，以及強壯的下顎，能像捕獸器那般夾緊獵物。狗魚與鱒魚有所不同：鱒魚的身體構造是為了向上游動，以捕捉水面上的小蟲，狗魚則被設計成以猛烈的速度前進，如同一枝投擲的鏢槍。牠會潛伏在暗處，以猛烈的力道撞擊獵物，以強健的肌肉撕咬。當牠殺死體型更大而無法吞嚥的獵物時，會將其咬成兩半，只留下碎肉和銀色鱗片在水中旋轉、浮動。牠會從水下抓住老鼠或小鴨，發出可怕的撕裂聲，水面在魚沉到底下消化獵物時變得沉寂。出於無盡的飢餓與天生的攻擊性，狗魚會攻擊任何生物，我聽說過牠們會捕食麝鼠或小狗，甚至還會咬傷在溪邊喝水的牛隻。

我一開始用捕鱒魚的釣鉤在溪流裡釣魚，只有一些幼魚上鉤，成年的大狗魚——水中的野狼——卻都躲開。

「狗魚不吃這麼小的。」在亞提姆湖畔租船的老人如此告訴我，那是一場夏天的午後，提摩西和我正漫步到他的碼頭，尋找可以釣魚的地方。

我的釣竿上掛著小小的旋轉魚鉤，他搖頭表示不贊同。他的臉龐和靴子都皺巴巴的，飽經風霜而呈棕色，看起來就像由同一塊舊皮革製成。他駝著背，太過年邁而無法下田務農，坐在碼頭的木椅上，手指沾滿汙漬，腿上放著一罐菸草和 *Zig-Zag* 捲菸紙，等待著釣客從城裡開車過來。他打開一盒陳舊的金屬釣具，裡面放著一排魚餌，如聖誕裝飾般閃亮，上頭滿是被他捕獲過的魚所留下的咬痕。他向我展示了自己珍貴的「拉帕拉」釣餌，那是以輕木雕刻而成的魚形仿製品，胸鰭的位置換成了鉤子，還有一系列的魚餌——白底帶紅色條紋、黃底帶紅或黑色菱形斑紋——還有「西斯科小子」的擬餌，紅頭白身，前後設有旋轉片，能夠攪動水面。

他看了眼我的小魚竿，問我有沒有錢租一艘船。

「沒有，先生。」

「今年有在學校好好學習嗎？」

「有的，先生。」

「那就讓你免費用一艘船來作為獎勵吧。」

他還將一個「紅惡魔」魚餌借給我——正面有紅白相間的條紋，背面則是銀色的——並告訴我要沿著雜草拖曳。他輕輕搖晃著手，向我展示如何在水中漂動。

「但得把你們的狗留在碼頭上。」他說。「大狗魚不會喜歡船上有狗。」

於是，我們出發了，提摩西負責划船。繞湖的半途中，我們回頭看見狗兒在身後往此處游來，距離在水面下晃動的「紅惡魔」魚餌不遠。我們將狗兒拉上船，牠全身濕漉漉的，還將水往我們身上抖。繞湖之旅結束，我們一無所獲，歸還了魚餌並向老人表示感謝，他很驚訝我沒釣到狗魚。

「可能是被狗嚇跑了。」他說。「也許是不喜歡牠在水中的氣味。」他說，要是小狗的話，就游不了整座湖了。「我曾看過一隻小狗被狗魚拉到水下，」他說，「就這樣走了。」

當我離開時，他又說：「去試試看那條小溪吧。大狗魚有時候會游上去，但記得要準備合適的魚餌。」

我在斯布塞格路夫的加油站，買了一隻「紅惡魔」和黃紅相間的「方塊五」，我在老人的釣具箱中都見過這兩種魚餌。一隻售價五十五分，裝釘在卡片上，印有釣魚的技巧提示。基本建議是：只需擲入水中即可。

我買不起將近兩塊錢的「拉帕拉」，也很快就發現自己不需要它。事實證明，我買的這兩種魚餌是迄今為止最好的狗魚釣餌，再加上防止狗魚用利牙咬斷魚線的導線，所有裝備皆到齊。我一拋投，魚餌在空中嘎嘎作響，落下時發出肉質般的聲音，亞提姆溪裡的魚兒隨之湧上，不似鱒魚那樣輕輕啄食蟲子，而是以猛烈、飢餓的攻擊方式將水面撕開。

狗魚通常有兩英尺長，有著一雙虎視眈眈、挑釁的眼睛，一排鋒利的牙齒總會在塗漆的魚餌上留下疤痕。魚餌越是傷痕累累、損壞嚴重，效果似乎就越好，彷彿狗魚看見了其他魚所留下的咬痕，就會受到刺激。

那年夏天，我在小溪釣魚時，發現體型較大的狗魚常常躲藏在懸垂的柳樹下，深埋在其樹根之中。牠們有時會躲在岸邊的水草裡，我若嚇到牠們，就會看到牠們衝向深水處而產生的漩渦。很難從濺起的水花辨識出其大小，但其中一些看起來比麝鼠更大隻。

某天，我在溪流上的河狸壩旁，找到一個類似狗頭骨的東西。

「那是一條白斑狗魚。」提摩西說道，從乾涸的泥土中拉出一串由乾燥皮膚和軟骨縫合在一起的椎骨，看起來就像一條巨蛇的遺骸。

「我敢打賭，牠一定是游來這裡產卵，水位下降時才被困住。」他說。

將狗魚頭骨的下顎張開，足以遮住我整張臉。我摸著牙齒，依舊如針一般尖銳。從那之後，我釣魚時變得更加警惕，意識到在水草中、交錯的枯木下躲藏的不僅是一條大魚，更是危險而致命的生物。

又一日，我的「紅惡魔」消失在水桶大小的漩渦之中；我和一條十磅重的狗魚搏鬥，遭逢強大的阻力。那條碩大的獵人從湖中騰出，我奮力將之拖上岸，牠則不斷拍打水面掙扎著。在回家的途中，牠的尾巴沿路碰到地面，我從亞提姆溪緩緩出發，發現自己開始愛上並理解這片水域。

——

我開始在森林中收集鳥蛋，觀察隼、啄木鳥、王霸鶲和喜鵲，搜尋牠們築巢的地方。為了找到巢穴，我追蹤鳥兒在空中飛行的軌跡，當牠消失在林中時，便確定其最後的已知位置。我接著去到那裡，等待鳥兒再度現身，然後重複同樣的步驟，慢慢靠近目的地，就像探索一座迷宮，抽絲剝繭，追溯到起源之處。有時得花上好幾日才能找到巢穴。我爬上樹木，盲目地伸手進去洞中，渾然不知會找到什麼，鳥兒則會試圖保護巢穴，向我的頭部撲來。

一隻美國隼飛得如此迫近，我能感受到牠的羽毛掠過我的臉龐。東部王霸鶲則會用腳爪撞擊我的後腦勺，與其疼痛，我更感到驚訝——發現不只我可以進入牠的世界，牠也同樣能夠進入我的世界。

那隻王霸鶲的巢穴並不隱藏在樹中，而是懸掛在同學家的穀倉屋頂上。我爬上屋脊往下看，眼前出現一個完美成形的橢圓草堆，以樹皮條、紙片和一縷亮橙色的捆繩編織而成。裡面躺著四顆奶油棕色的鳥蛋，殼上布滿深色的斑點。

我伸出指尖就能觸及巢穴，但距離地面有三十英尺高的落差。我若一心想著摔落，就肯定會摔下去，於是全神專注於巢穴，鳥則朝我的頭上飛來。我坐起身，把一顆蛋放進襯衫的口袋裡，並沿著穀倉屋脊爬下，鳥蛋輕輕撞擊著我的胸膛，霸王鶲則不斷在我四周飛越，嗡嗡作響，發出電氣般的警報聲，用鳥喙不停地啄。

當一個巢穴中有四顆或更多蛋時，我才會從中取走一顆。許多巢穴裡只有兩顆蛋或破碎的蛋殼，顯示出遭受烏鴉或松鼠襲擊過的跡象。我的競爭對手們既凶狠又無情。

我以針穿刺鳥蛋的兩端，吹出混濁的黃色液體，將空殼整理好並曬乾，然後放進母親在聖誕節留下的巧克力盒子。鳥蛋呈藍色、綠色、白色或焦糖色，上頭帶有褐色或煙燻灰色的印痕。盒子裝滿時，這些蛋會像松露巧克力一樣緊緊依靠在一起，感覺自己收集完了一整套組合。

彼時，我已在追蹤過十幾種鳥類，能夠透過羽毛、飛行模式、巢穴類型和叫聲，來識別產下這些蛋的飛鳥。我知道牠們會如何融入自然景觀中。這是難以獲取的信息，但就像學習解讀朋提克頓溪的水流，以及在亞提姆溪找出隱身的大狗魚一樣，是很重要的技能。

我在研究飛行路徑時，開始理解森林最深的祕密：飛鳥的移動並非隨意，而是經過校準的。如同游魚，牠們似乎是複雜拼圖中的碎片，各自結合成繁複而古老的網路，而我也已成為其中的一部分。

我注意到鳥類經常在同一時間棲息於同一樹枝上。一隻鳥兒忙著建造巢穴，從外面帶來草枝或四處挖泥。一隻鳥兒捕捉昆蟲但不吃掉，用滿嘴的蟲子來餵養幼鳥。有後代需要照顧的鳥通常會駐守在高處，警惕掠食者的侵襲，最後才會衝向隱藏起來的巢穴。我開始學著辨認這種姿態，並觀察鳥類的動作指出巢穴方位的跡象。接著，我便看見了：一個小洞鑽在樹幹上，或是一個隱藏在樹枝間的鳥巢。它們由細長的麥草、羊茅、樹枝和泥土編織而成，內部則鋪著絨毛或薊絮。

從溪邊回來時，我的狗兒在遠離水源、塵土飛揚的路邊溝渠中，發現了一座鴨巢。我並不知道，鴨子經常會在乾燥的地方築巢，以遠離捕食者。待鴨蛋孵化後，母鴨會帶著小鴨們離開，一路穿過鄉間到水邊。由於擔心巢穴建在如此糟糕的地方，距離農車隆隆駛過的路面只有幾步之遙，因而被一個不負責任的母親所遺棄，我和哥哥將七顆藍綠色的鴨蛋全部收集起來，將其放在棒球帽裡帶回家，並讓牠們在雞舍的保溫燈下孵化成一團一團的黃色絨球。牠們都是綠頭鴨，和力康雞一同在雞舍裡飼養長大。小鴨一出生，便跟著我們在農舍的院子裡到處遊走，跑來向我們伸出的手取食，並坐在我們的膝蓋上休息。牠們還學會了在馬槽裡游泳，像水甲蟲那般在水面上盤旋。

那年秋天，小鴨笨拙的翅膀漸漸長出飛羽，我們將牠們放進紙箱中，帶到一處的泥沼旁，那兒聚集了數千隻水禽等著遷徙。箱子打開，牠們見到成群的野鴨在外頭嬉水，即便是第一次見到除了自身以外的鴨群，牠們還是出於本能前去加入其中。

幾周後，我看見鴨群飛入空中的雲層，如一團煙霧從草原上冉冉升起，盤旋、組成列隊，成群往南國飛去。我們所養的綠頭鴨消失於其中。我帶著狗兒回家時，我思索著牠們是否能安全抵達溫暖的南方，又或是被無情的子彈射中，跛行向獵人乞討一把食物。

——

狗兒是我忠實的同伴，陪伴了我很長的歲月。晚上牠會睡在我的床上，也會坐在我餐桌下的腳邊。我從黃色校車上跳下來，沿著車道跑回家時，牠會在門口等著，在我身後跳躍，興奮地叫個不停。

母親將牠取名為「毛毛」，因為我們第一次發現牠時，牠身上就像小鴨一樣長有柔軟的絨毛。我們還是小男孩時，牠也同樣是隻小狗，因此這個名字還算有道理。然而，我們搬往亞伯塔的農場時，牠的絨毛皆已脫落，我也步入少年時代，不想在朋友們面前呼喚這道名，因為他們大多住在農場，只將狗視為役畜而非寵物。所以我大多只叫牠「嘿，小妞」，毛毛便會依據我的語調來判斷呼喚的急迫性，以不同的方式來回應。

幾年後，我和兄弟們一起看著家庭照片，注意到他們會將毛毛稱為「他們的狗」，而我則心想：「喂，等一下，牠是我的狗才對。」但家犬就是如此，無拘無束地將自己的愛意獻給家中成員，並與所有人建立緊密連結，隨時準備好一起出發冒險。

然而，我是家中唯一試圖殺死牠的人。

一次，郊狼襲擊了提摩西設下的兔子陷阱，將我們的雞隻吃掉，並成為家貓失蹤的主要嫌疑犯。牠們正逼近農場周圍，黑夜降臨時能聽見牠們在不遠的森林嚎叫，我知道牠們準備潛入院子。於是，我剪了一段足夠長的鋼製粗線以作為圈套，並讓毛毛待在身邊，於附近的灌叢中尋找郊狼的蹤跡。

鄰近房子的一片樹林中有一條野兔小徑，我在上頭發現一些印記——橢圓且細長，步伐堅定，不如狗兒那般受到嬌慣，腳步柔軟。我在適當的高度設置了一個陷阱，正好能讓白靴兔從下方穿過，但套索會從一頭奔跑的郊狼頭上滑過，緊緊鎖住牠的脖子不放。我想像著一頭被勒死的郊狼，並自豪地將其扛回家，如同《彼得和狼》（*Peter and the Wolf*）那樣。

「殺貓的傢伙死了。」我會這麼說。

那天晚上，我和兄弟們在院子的燈光下玩著觸身式橄欖球，氣喘吁吁地跑動和傳球，我們的身體在冷冽的空氣中顯得炙熱，如小馬般驚抖。

狗兒沒有像往常一樣加入遊戲，追著球奔跑狂吠。我只聽見牠在灌叢中叫了幾聲。可能是在追野兔吧，我想，隨即趕去接球，忘了牠的存在。宵禁的警報響起時，聽見郊狼的嚎叫從遠處傳來，於是便被叫進屋裡去睡覺。

隔天早餐時，母親問起大家是否有看見毛毛。

「牠昨晚沒回來。」她說。「牠從不這樣。我很擔心。」

我感到腹部一陣緊繃。

那時天剛破曉，我跑出屋外，一路進到灰濛的森林中，找到設置陷阱的野兔小徑，沿著小徑奔跑，跳過倒木，跌跌撞撞又爬起，一直奮力奔跑，滿頭大汗、心臟狂跳。

找到狗兒時，只見到牠困在陷阱中，靜靜地躺著，被鋼線緊緊勒住脖子。我停下腳步，望著樹林中的那片空地，我射殺那隻豪豬時所見證的死亡寂靜——愚蠢、無可挽回——彷彿又在眼前重新上演。

然而，狗兒搖了搖尾巴，發出微弱的拍打聲。

我走向牠，感受到溫暖和氣息。牠的頭動了一下，試圖抬起來又向後倒去，雙眼翻白。牠一動不動地躺著，等待我將套索解開。

狗兒實在聰明，一感到線繩收緊，便會停下拉扯。若是郊狼，就會恐慌地掙扎，咬斷自己的舌頭並窒息而死。但牠整晚都躺在這裡，靜靜等候著我，聽著郊狼在附近的森林中獵食。

我用力將鋼線扯斷，也將自己的手指給割傷。牠身上留有瘀傷，一道紫色的瘀痕浮現於皮毛下，但所幸並未被割開。我將圈套從固定在榿木枝的位置拉出，看到樹皮因鋼線的拉力而被切下，脫落一層如剝皮兔子般光滑的木質。那差點就是牠的脖子了，我想。如果牠再用力一點，就會因此喪命。

我揹著毛毛穿過森林回家，將牠放在院子邊，讓牠自己跑回去。我從未告訴母親發生了什麼事，只是心虛接受了尋回走失狗兒的讚賞。

我在心中默默發誓，以後再也不設陷阱捕捉郊狼了。我已經親眼見過牠們的下場——絕望地受困於黑暗的森林中，在寂靜的夜晚裡孤獨死去。

母親對毛毛很有信心，相信牠有能力保護我，所以允許我一整天都能遊蕩在樹林中。那年夏天，我們一起順著亞提姆溪釣魚，走遍上下游，捕捉修長又多齒的狗魚。我學會從魚身上切下肉片而避免大部分的魚刺，母親則會用奶油烹煮白色的魚肉。探索森林即是一種啟示，在其中的深處找到能夠釣魚的溪流使我感到有所扎根，成為完整的人。

不久後，房東卻將我們趕出了鄰近斯布塞格路夫的農舍，就這樣，全家不得不收拾行李搬走，遠離原生的灌叢和亞提姆溪，遠離潛伏於水草之中的狗魚。我得重新開始，但在斯托尼普萊恩的新家附近找不到任何溪流，只有幾片棲息著麝鼠的混濁泥沼。

我們搬到斯托尼普萊恩位於耶洛黑德公路旁的一間小屋裡，那兒供暖不足，窗戶總會在寒冬結霜。不過，那只是個臨時的居所。父親在英屬哥倫比亞的《維多利亞每日時報》（*Victoria Daily Times*）找了份工作，那是該省首府兩家互相競爭的報紙之一；母親則在之後的幾個月裡，獨自留在這兒撫養孩子。我們計畫留在斯托尼普萊恩直到學年結束，但因家中的帳單未能付清而發生了變化。母親站在廚房裡，將孩子們拉近懷中，眼睜睜看著男人們收回我們的家具，將沙發、扶手椅和電視都搬走。

「好吧，要收拾的東西就更少了。」她說。

過了不久，我們搬回英屬哥倫比亞。在向西行駛的路途上，我們於洛磯山脈中紮營過夜，在山間的清晨醒來時，我聽見遠處的潺潺流水，被一股強大的力量呼喚。我拉開門簾，看見一頭狼駐足於帳篷之外，我們無聲地凝視彼此，牠接著便轉身離去。家人們仍在酣睡，我走出戶外的營地，獨自站在清冷的早晨中，一切寂靜、沉眠。狼的身影不見蹤跡。隨後，全家都上了車，繼續我們的旅程。我記得自己從車窗望向巍峨延綿的山脈，遠方隱藏著亞伯塔的廣闊草原。

不知何故，裝滿鳥蛋的巧克力盒在搬家的過程中丟失了，草原森林的祕密也隨之逝去。我再也見不到亞提姆溪，無法將新買的魚餌擲入深色的溪川，期待巨大的狗魚能夠上鉤。又一條家鄉之水受到遺棄。但我還是將釣具箱好好收著——我絕不會失去它。想到前方未知的水域，我便滿懷希望。

大師

The Master

流水開始成為我的生活準則。我已喜歡上亞伯塔的灌叢，以及游著狗魚的混濁水域，但也期待重返英屬哥倫比亞的懷抱，再度見到西岸的鮭魚和鱒魚。看著地圖，維多利亞三面環海，湖泊如星羅棋布，使希望滿溢我的心中。我和兄弟們不得不適應新家、新學校，並結交新朋友，但我並不擔心這些，反而更期待能夠釣魚的嶄新水域。

爸爸知道這點後，給了我一本G・克利福德・卡爾（G. Clifford Carl）和W・A・克萊門斯（W. A. Clemens）所著的《英屬哥倫比亞淡水魚類第五冊指南》（*The Fresh-water Fishes of British Columbia, Handbook No. 5*），並附有法蘭克・L・畢比（Frank L. Beebe）的黑白插圖。它於一九四年年由英屬哥倫比亞博物館出版，詳細介紹了六十三種魚類，其中包含五種鮭魚，以及九種鱒魚和紅點鮭。還有E・B・S・羅傑爾（E. B. S. Logier）所繪製的彩色插圖（令人費解的是，他在平裝版中並未署名），描繪了錦碌虹鱒、硬頭鱒、割喉鱒和花羔紅點鮭——這些游魚和各種奇異的飛鳥一樣美麗動人。我一看到羅傑爾所繪製的魚類畫作，就深知自己得想辦法捕捉牠們，將牠們掌握在手中。

我們搬進了一間位於維多利亞郊區的房子，距離海洋僅有幾座街區之遠。我也很快就擁有了新的漁具，從簡單的投餌裝備升級到 Shakespeare Wondercast 的按鈕式線輪，看起來就像一艘小太空船。它完美地安裝在一枝短而堅固的玻璃纖維釣竿上，可以將釣餌拋投到很遠的距離。按下線輪背面的按鈕時，就會升起一個隱藏的線杯將線釋放出去，擲出時會發出颼颼颼的聲音。在遠處的水面上，可以看見魚餌掉落而濺起的小水花。線輪透過外部的小開口捲回魚線，將線圈整齊地包裹起來。使用起來既輕鬆又愉快，但線的容量有限，我很快就發現這不足以用來應付大魚。

有一天，我在沿海的溪流中釣鱒魚，卻意外捕到第一條鮭魚，牠沉重而堅固，使線輪停在水深之處並固定在那兒。牠彷彿猶豫了一會兒保持不動，決定該如何行動，其存在通過魚線的震動傳遞而來。接著，牠飛快衝出池中，穿過下方的急流，齒輪試圖跟上牠的腳步，但鮭魚的速度實在太快。哐啷一聲響起，牠的力量克服了機械的能耐，線輪停止放線，在鮭魚最後一次的猛烈拉扯下斷裂。

在那之後，我換上設計優雅的 Garcia Mitchell 開放式線輪，操作時會發出輕輕的嗡嗡聲。

與按鈕式的線輪不同，它以裸露的線杯來收納魚線。金屬臂可以打開，讓釣線迅速釋放出去。收線時，金屬臂會彈回線杯上，讓魚線捲回來。它設有運轉絲滑的齒輪，獵物試圖猛衝時，線輪會平穩地釋放釣線，以保持穩定的拉力。齒輪會產生出一定的拖力，在良好的運作之下使不斷掙扎的魚耗盡力氣。

我在Wondercast線輪被毀壞的池潭中又釣到了一條鮭魚，並成功將牠拉上岸。那是一條五磅重的銀鮭，背部呈藍綠色，側身則有拋光鋼質的感覺，金色的雙眼上點綴黑色的眼珠，令人驚嘆。我在那雙眼中看見海洋，看見閃爍光芒的太平洋海山，看見黑暗深邃的阿留申海溝。

有了新的線輪，我很快掌握了拋投的技藝，在維多利亞郊外的小溪中翻動釣餌以捕捉鮭魚，在湖泊下的水草床中搖擺擬餌以抓取鱸魚，以及在河口的一片片綠光下漂浮小型的誘餌，吸引割喉鱒上鉤。

我並未學習任何策略，只獨自在釣魚的路上慢慢進步。我從徒手捕捉鱒魚，到用漂浮誘餌來釣小魚；從用簡單設計的釣具拋投重型魚餌以捕捉貪婪的狗魚，到用小型的按鈕式線輪拋出精緻釣餌以吸引鱒魚。最後，我則學會了以開放式線輪控制拉扯魚線的太平洋鮭魚。

用雙手釣魚需要動物性的本能，但不需對魚有所瞭解，只要知道牠們受驚時會逃跑或躲藏即可。就像扔一塊石頭到水中，魚就會害怕地躲在洞中不敢出來，非常基本。

用誘餌釣魚也是如此，將蟲餌靜靜放在水中，睡個覺也能輕鬆釣到魚。只要放下魚餌並耐心等待，魚就會聞到氣味而上前輕輕試咬，然後將整個魚餌咬住並試圖游走並上鉤，親自送上性命。

拋投無需解讀流水，因為重型的魚餌會迅速沉入水下，穿過水流並直達深處。也不需知道魚類以什麼為食，當擬餌像條受傷的小魚搖動時，魚就算不餓也會受到吸引，出自本能咬住魚鉤。

隨著每次的技術增長，我捕獲到更多且更大的魚，但現在卻發現自己真正想要的，不是更高超的釣魚技巧，而是更深層的事物——與自然世界建立更緊密的連結。也許是因為在過往經歷了多次的搬遷，一再與朋友和自己熱愛的水域斷絕聯繫，使我的生命中充斥了疏離和失落感。我渴望更強烈的歸屬感，不是對於社區或學校（畢竟這些對我而言都是短暫的），而是對於大自然本身那不可抹滅的存在。我開始認為，即便自己以一般的釣魚法就能取得成功，對於流水的連結卻依然有限，彷彿受到壓抑而失去了什麼。這種感覺就像駐足於教堂之外，聆聽裡頭的微弱而模糊聲音。我想走得更進，聽得更清晰，深刻感受大自然的一切——於是，我進入了下一個階段。

透過飛釣，我意識到自己必須比以往更專注，更加適應周遭的環境，有目的地依著河岸行走，如藍鷺一般停下腳步觀察水面。我必須融入自然的節奏與韻律，就像森林裡的獵人那樣知曉樹木與灌叢之間的祕密。由於只配有最基本的裝備——簡單的線輪、細長的漁竿、輕得幾乎毫無重量的魚餌——我不僅得閱讀水面，更得瞭解底下的水流，以及鱒魚的覓食行為。

我很快便明白，飛釣就像進入一座圖書館。它會告訴我未曾聽過的故事，讓我更深入地領會大自然的奧祕，並將我與家鄉之水緊緊聯繫在一起，結下比任何事物都還更深厚的紐帶，如同骨肉般不可分離。

——

我是直到閱讀《田野與河川》（*Field & Stream*）這類熱門戶外雜誌時，才首次聽說飛釣的。我對使用模擬微小昆蟲的誘餌來捕捉鱒魚的想法很感興趣，大魚從水中高高躍出的美麗畫面使我深深著迷。我在一場寒冷潮濕的冬日，於維多利亞圖書館的書架之間遊蕩，偶然發現羅德里克・海格—布朗（Roderick Haig-Brown）寫了一本關於飛釣的書。當時的圖書館位於卡內基大廈，那是一座雄偉的砂岩建築，建於一九〇四年，設有拱形門廊與彩色玻璃窗，光線會從窗戶灑落下來，映照色彩斑斕的光芒。在那些安靜的隔間內，書架上堆放沉重的文學書籍，在如此嚴肅的書目當中，我很驚訝能在一處發現關於釣魚的藏書。在那之前，我以為多數人會認為釣魚只是一種輕浮的追求、簡單的消遣，而我對它的崇敬則不同尋常。現在，我發現釣魚——尤其是飛釣——有著豐富的歷史，有文化修養的釣魚人士在世界各地組成社群，和我一樣都對此有著深刻的愛意。

已經有很多著作書寫了關於游釣的技藝和工藝。關於釣魚史、繩結、解讀流水的書本，關於捕捉鱸魚、劍魚、鯊魚和鮭魚的書本，還有一整本關於人工假餌以及如何綑綁它們的百科全書。在這批寶藏中，有一系列海格—布朗所著的飛釣之書，大部分都以溫哥華島（我居住的地方）的河流為背景。他對於釣魚和自然的描述是如此有智慧又耐人尋味，我很快便將他視為大師。

海格—布朗是一位端莊、抽著菸斗的男士，釣魚時常會帶著一頂時髦的氈帽，作為英屬哥倫比亞的著名作家，他的聲譽正值鼎盛，常被媒體提及，不僅是因為他雄辯的文字風格，還有他對於環境保護的堅硬立場。海格—布朗發起各項運動，反對水壩興建、森林濫伐，以及汙染水域的礦場，也直言不諱地批判省政府允許大規模的環境破壞。他親眼目睹自然世界因人類的貪婪與無知受到嚴重侵害，並擔憂下個世代無法像自己那般，理解野生森林與河流之美，理解捕獲硬頭鱒、鱒魚和鮭魚所感受到的快樂。這是我第一次深入思考這些問題，並發現自己所珍視的大自然正不斷受到威脅。

後來，我在他擔任維多利亞大學校長的七〇年代初，參加了他的講座。我記得自己坐在演講廳後方靜靜聆聽，他優雅的舉止給我留下了深刻的印象。他當時是英屬哥倫比亞偉大的文學人士，我則是個再普通不過的學生，因為太過膽怯而未能向他請教飛釣的問題。幾年後，海格—布朗於一九七六年在坎貝爾河畔的家中去世，享壽六十八。我喜歡想著，他在人生的最後一刻聽見的事物，是潺潺河水流過古老石床的聲音；他的家鄉之水，緩緩流向更浩瀚的存在。

海格—布朗作為目睹自然世界邁入衰敗的有力見證者，幫助我形成自己的環境觀，也將我帶入了飛釣的世界，塑造了我的一生，後來更影響了女兒們的生活。我記得自己

在圖書館尋找他的作品，盤腿坐在書架之間，手中翻閱著《漁人的春天》（*Fisherman's Spring*），身旁的地板上則散落《漁人的夏天》（*Fisherman's Summer*）、《漁人的冬天》（*Fisherman's Winter*）與《河川永不入眠》（*A River Never Sleeps*）。他的《飛釣入門》（*A Primer of Fly-Fishing*）成為我瞭解這項技藝的啟蒙之書。美國藝術家路易斯・達爾林（Louis Darling）以黑白版畫的形式為這些書繪製精美的插圖，如此真實、生動，幾乎能感受到釣竿的彎曲，以及魚在水下拉扯的重量。

我盡可能借了他的多數著作，那時我只是個十四歲的少年，本該將時間花在學習法文或數學，整晚卻都待在房裡研讀海格－布朗的文字。透過這些書，我逃向腦海中的河畔，涉過湍急的流水，捕捉硬頭鱒和鮭魚。這是我第一次體會到，飛釣不僅是一種嗜好，更是一種精神上的領悟，對於其追隨者的生活而言至關重要。我若想加入這個社群，若想以尊重流水與游魚的方式釣魚，就得學習如何飛釣。

這種感受刻印在靈魂之中，存在於人的本質，無法藉由學習來取得，因為它是一種覺悟，一旦受到喚醒，便會在生命中形成一股力量。同學們長大後想成為搖滾明星、職業運動員或警察，我卻在十幾歲的時候，夢想著成為海格－布朗在書中所描述的飛釣大師。我想加入這個同道會，深入河流以尋找硬頭鱒。我想要擁有自己的家鄉之水，在那兒的四季流轉中認識游魚的習性。

——

我們一家住在維多利亞的城邊，那裡的住宅開發正開始慢慢吞噬農業用地。附近的鄰居是一位牧草農夫，他會付錢請我將沉重的乾草捆拖進穀倉，乾草總在過程中黏著於我的汗水上，繫繩也會割傷我的雙手。家屋的周圍坐落一片蘋果樹林和水仙花田，遠處則是開闊的牧場和林地。然而，這片田園風景開始受到破壞、割裂，住家與地主很快便將這一切吞噬殆盡。乾草農場會改建成足球場，果園成為住宅區，奔馳著雉雞和野兔的牧場則變成一座私人網球俱樂部。從窗外望去，我開始見證人為發展的擴張，彷彿一股永不停歇的浪潮，將大自然推向更遙遠的所在。

從我們家出發，只需騎腳踏車一小時，穿過當時還是田野的鄉村，就能抵達麋鹿湖，那裡游著一群又一群閃閃發亮的翻車魚，以及獨自潛伏在睡蓮葉之下的鱸魚。但是，我還是比較常在附近釣魚，只要徒步走到一處水域，就能捕捉鱈魚或狗鯊。牠們又大又壯，只能將鯡魚肉塊放置於水底，才能釣到牠們。這又讓我回到了自己不喜歡的釣魚法——只單純以魚餌釣魚，毫無靈性可言。

每當有機會，我就會試圖說服爸爸，讓他開車載我到一座生長著鱒魚的當地湖泊，我在那裡能夠拋投小型的擬餌。若是幸運，還能搭上四十五分鐘的車程前往蘇克，游著鱒魚和鮭魚的川流會在那裡匯入大海。

父親當時並不釣魚，但他在《維多利亞每日時報》的一位同事、專欄作家亞瑟·梅斯（Arthur Mayse），是一位虔誠的飛釣者。他聽說我對海格—布朗很感興趣，便建議爸爸帶我去穆爾溪，那兒盛產洄游性的割喉鱒。

——

穆爾溪發源於溫哥華島西南沿岸的一片雨林，離蘇克不遠。當時，那只是一座純樸的伐木小鎮，但很快便受到開發商的驅動，以瘋狂的節奏不斷開發，就像許多西岸的小鎮，注定得經歷一再上演的悲劇。那時，林業作業才剛開始砍伐流域周遭，蘇克山脈依舊覆蓋著茂密的森林。不過，慢慢地、有條不紊地，大地受到伐木浪潮的襲捲，如風暴過境般摧毀了一切，只留下赤裸的貧瘠荒土。

每次到訪，我都會看見成堆的木材傾倒在穆爾溪口的堆木場中。木材堆放成塔，地面布滿淤泥和碎屑。沉重而吵雜的採伐機械無情地翻動木堆——又或是樹木的記憶——失去枝葉的樹幹則等著運往工廠。那片森林變得如墓園般死寂，只盤踞著沒有生命的機器。

一條林業道路橫越橋梁旁的高速公路，笨重的卡車在其上呼嘯而過，巨大的木材沿路哐啷作響。它們駛入分類場，卸下負載，拋下古老的巨木殘骸，接著再折返山上繼續掠奪。人們正將森林剝得體無完膚，一點一滴地榨乾大地的生命，使其變得枯竭脆弱。公路的交叉口滿是泥濘與樹皮碎屑，即便是滂沱大雨也無法洗清這片汙跡，以及這深重的罪責。

每當前去穆爾溪，我都會仰望山坡，看著光禿的砍伐荒地在翠綠的山景中如野火般蔓延。我那時雖年輕，卻也知道眼前所見並非好事。他們正在破壞森林，將所有無辜的生靈都放逐到家園之外，而我則意識到自己正親眼目睹海格—布朗曾警示的前景——人類對自然不敬的褻瀆。

「這就是經濟發展的動力。」父親開口道，表達了他這一代人（以及後來的我這一代）用來為許多事情辯解的實用性觀點。洄游的鮭魚被過度捕撈，河流受到築壩所阻礙，群山的森林遭到血淋淋的剝奪，天然氣和石油受到無止盡的開採——只因這麼做對經濟有益。這些工業活動所造成的環境與精神損失，從未被正式衡量過，但釣魚者們卻切身目睹了這椿罪行，眼睜睜看著時代所牽引的巨大力量滋蔓成災，感受到原初的美好慢慢從身邊流逝。

──

有時，我會在穆爾溪畔等待漲潮將成群的割喉鱒從海洋帶來，並看著飛釣者在溪口附近優雅拋投。我不敢靠近，只從遠處觀察他們的動作。我意識到必須更換旋繞竿，否則無法像海格－布朗一樣進入飛釣的世界。但我沒有足夠的資金購買飛蠅竿，只能等到夏季的乾草收成，所以只能在一旁眼巴巴地看著，心生焦慮。

一年春天，父親開始對我的熱情感到興趣，不再勉為其難地答應要帶我去釣魚，反而主動提議周末一同前去水邊。他會為此設定出發的日期與時間，也許是在努力嘗試想留住什麼，或是彌補我在他忙於工作時迅速消逝的童年。也有可能只是為了逃避在家中與母親共度時光，因為他們之間的關係日益緊張。不管是出於什麼原因，我都很開心能在日曆上標註釣魚之旅。我會花上一星期的時間研究地圖，由於他總在深夜才返家，所以我會為他留下筆記，記錄著哪片水域會是有潛力的釣點。

周末來臨，我們在早晨出發，車子一抵達目的地，我便會抓起釣竿沿著樹木茂盛的水畔前往釣點。他則會坐在車上看書，看起來相當有耐心，卻也難以捉摸。直到後來，我才發現他和母親之間的關係已經結束。我們那時並未談論此事，無從得知他是否會害怕離開這個家，害怕我們共同打造的生活正逐漸崩塌。他也沒有提及自己愛上了另一個女人。一切都被隱藏了起來。我回想他在車上等待的情景，看見他翻閱著空白的書頁，讀著以隱形墨水寫成的故事，只有他能看清自己深埋於內心的祕密。

在我前去釣魚前，他告訴我該在何時返程。我通常有兩個小時能夠行動，也相當守時，總在計算著剩餘的時間。父親會看著他的銀色手錶，因我履約而點頭微笑。

「有釣到什麼嗎？」他總會如此問道，我有時則會舉起幾條已經去除內臟的鱸魚或鱒魚。我稍晚都會在廚房再清洗過一次，好讓母親得到乾淨、不沾有血跡的魚。

我十六歲生日時，從父母那裡得到一枝飛蠅竿，幾天後，父親開車載我和十二歲的弟弟喬納森前去穆爾溪，並計畫在那裡過夜。亞瑟·梅斯告訴他，那條小溪是八月釣魚的好去處。「他說，鱒魚夏天時會在溪口附近，鮭魚回來產卵之後，牠們就會往上流移動。」

爸爸將這項訣竅傳達給我們。

我以前曾在穆爾溪畔以簡單的抛投法釣過洄游的割喉鱒，所以知道魚兒有時會躲在沿著岸邊擺放的木頭之下。鱒魚會隨著潮水而來，之後便在木堆附近定居下來。這類的知識難以取得，都是像尋找鳥巢的蹤跡那樣，通過一點一滴的觀察所收集起來的。最終，這些知識碎片會形成完整的模樣，訴說他人所看不見的祕密，顯示出鳥兒在何處藏蛋，鱒魚又在何處躲起來歇息。

儘管上方的山丘正經歷伐木，但那些日子裡的溪流大多清澈，水中並無砂石沉積，洄游的鱒魚會隨著潮水從海洋返鄉。我有時會看見牠們成群結隊而來，背部衝出波光粼粼的水面，形成明亮的漩渦。我會等待，在牠們接近時嘗試保持冷靜，直到魚兒進入抛投的範圍內。

我在父親天藍色的福特轎車上醒來，後座一旁是睡著的喬納森，爸爸則在前座蓋著毯子。太陽尚未升起，灰濛的幽光遍布森林。我溜下車，渴望獨自體驗這一刻。我想要擁有這片水域，不只是為了追逐鱒魚，還有更大的目標——大概是優雅，我想。我拿著飛蠅竿，走進依著溪流升起的晨霧之中。

我朝木堆走去，知道割喉鱒會在那兒停留。這是我第一次嘗試以飛釣捕魚，但我還是得學著如何拋投才行。

藉由觀察他人在水上的操作，以及自己閱讀過的所有書籍，我瞭解了拋投的基本概念。拿到飛蠅竿的幾周後，我學會如何拋線，悄無聲息地在水面上撥動飛蠅，通過轉動釣竿或移動釣線來引導拋投的方向。

然而，我那日的拋投技巧還是相當笨拙又不熟練，動作不連貫而漏洞百出，還有潛在的危險性。我的魚線拍打在水面上，勾住身後柳樹枝，飛蠅便如此打到我的後腦勺，讓自己嘗到一記重擊。

最後，我在絕望之中嘗試了環拋，那是一種簡單的操作，我研究過書中的插圖，其展示了釣竿該如何慢慢升起、突然下降，讓魚線從水上捲起並向前彈跳。環拋是初學者必須踏出的第一步，也是最初控制釣線的方式，我當初便是因為愚蠢又自負才沒有以此作為開始。

經過幾次笨拙的嘗試後，我很快就能將飛蠅投到遠處，到達鱒魚的所在。我只有幾隻飛蠅擬餌，其中一隻又小又破舊，僥倖地與鮭魚卵的形狀、大小和顏色相符。我穿著牛仔褲，涉入深及腰部的水域，水面緩緩爬上身體，我在清晨的微涼中瑟瑟發抖，鞋底在光滑的石頭上滑動，我將釣餌拋近鱒魚，看著飛蠅沉入陰影之下，將其拉出光明時，兩條割喉鱒也跟著現蹤。牠們一同滑行於水中，體型都相當大，我屏住呼吸，身體緊繃。接著，後方的魚兒晃動尾巴，衝到另一條的前方，將飛蠅吞入口中。

我舉起釣竿，感受它在魚的拉扯下深深彎曲，並聽見釣線緊緊追隨疾馳的鱒魚，而在水面上割出一道又一道的嘶嘶聲。魚兒跳了起來，高高騰躍出水面，然後撲通一聲掉落，其聲響在清晨的寂然中迴響。

黎明時分，我獨自一人在溪邊，唯一的聲音是鱒魚濺起的水花聲，以及我試圖將牠拉出的釣線捲回來，而在線輪上拖曳的金屬咔嗒聲。那一幕在我的心中留下鮮明的記憶，如同路易斯．達爾林的版畫那般深深刻印其中。我看到一位飛釣者的身影，他舉起雙臂，釣竿彎曲，一條魚騰出水面並懸浮於空中，在水中留下一處的漩渦。我彷彿踏入了《漁人的夏天》，期盼抬頭能看見海格－布朗駐足於橋上，觀看魚兒在書頁之間舞躍。

我不知道該如何用如此細長的竿子將掙扎的大魚拉上岸邊，於是開始向後退，將魚拖出水中，重重落在岸上。我跑上前以雙手抓住獵物，牠的身上布滿斑點，銀、黑與綠色互相交錯。我將之固定於岩石上，擔心自己首次以飛釣捕捉到的鱒魚，會像在朋提克頓溪丟失的那條大魚一樣溜走。我以浮木重擊牠的頭部——這是我觀察其他釣魚者而學來的——牠的身體顫抖，漸漸陷入沉寂、死去。我抬起頭，發現又有一條魚在溪裡盤旋，我像拿著護身符般舉起飛蠅竿，跌跌撞撞地回到水中。

待太陽完全升起後，弟弟喬納森漫步而來。「有收穫嗎？」他問道，揉著眼睛醒神。我指了指岸邊的鱒魚，他吹了聲口哨，回到車上拿取旋繞竿，開始在我附近釣魚，輕鬆地拋投。他釣到了幾條鱒魚，也丟失了幾條，最後成功獲捕兩條，而父親則站在岸邊，每當我們將魚拉上岸時，都會為此歡呼。

我那天釣了十幾條鱒魚，長度都約十八英寸，大多都是破曉時分獨自釣到的，那時的我享受著全然的孤獨，這讓整個體驗變得更加強烈。此外，我也很高興當時四下無人，沒有人見到我剛起步時的笨拙。我仍然夢想著那些游魚——其深綠色的背部、側身灑滿如墨水般的星型斑點、下顎鮮豔的紅色條紋，以及金銀色的光澤，彷彿是由拋光打磨的琥珀製成，向我證明著飛釣之美。這些鱒魚長得就像《第五冊指南》中所收錄的割喉鱒插圖。「在休閒捕魚中，割喉鱒是極具價值的游釣魚。」圖片的附註如此寫道。我知道這只是個保守的說法；對我來說，迴游性割喉鱒已經成為沿海魚類之中，最美麗、最令人嚮往的獵物——正是因為牠們，我才想成為一名飛釣者。

我在那日殺了六條鱒魚，喬納森則保留自己釣到的那兩條；牠們的鮮血沿著我們手流淌，淺色的肌膚染上深色的血跡。因為獵捕限制寬鬆、釣魚壓力不大，我本來可以留下更多的魚，但自己深知海格—布朗宣揚環境保護，也觀察到飛釣者會跪在淺灘釋放鱒魚。因此，我決定效仿他們，將一些捕獲的魚放回水中。自我成為飛釣者的那天起，便學會了如何放生。

我釋放的第一條鱒魚在激烈掙扎後，平靜地躺在我的手中任人宰割。我驚訝地看著牠，就像指南中的插圖所繪製的一樣，藝術品彷彿活了過來。我鬆開手，牠便穿過淺灘，消失於流水中。

就是在這一刻，我體會到了尊重生命的喜悅。我捕捉了一條鱒魚，珍惜牠的美麗，然後將牠釋放。當魚游走時，我並未感到失落，而是體驗到一種完整感，一種歸屬於大自然的感覺——我沒有預料到這點。我看著那天殺死的六條魚，牠們的顏色漸漸褪去、皮膚皺起；但我放走的那六條魚卻閃耀光芒，返回牠們在水中的家。

我意識到了一件事。死魚雖然能掌握在手，卻也喪失了氣息，漸漸化作虛無；被釋放的魚即便離開了，但依然活在某處，明亮而活躍。從那之後，我開始釋放大部分的魚，放生的魚往往比殺死的魚更能深深烙印在我的記憶中。

我若捕獲到很多魚，有時會迅速但不情願地殺死其中一條，並帶回家當晚餐。我通常會將牠們全部放生，這讓母親很失望。她始終都認為，兒子能將新鮮的魚從水中送到她的廚房是個奇蹟，並期待我將捕獲的魚帶回家。然而，她也同樣熱愛大自然，理解我越來越不情願殺生。

「今天釣了多少？」我空手而歸時，她會如此問道。

「六、七條。」

「一條就夠了，不用太多。能吃上一頓飯就很不錯了。」

「下次吧。」我答應道，她則會揚起眉毛，彷彿是在說「這話我早就聽過了」，然後回到廚房裡繼續忙碌。

——

在六〇年代，很少有人實踐放生，隨著人口增加與運動釣魚的興起，洄游性割喉鱒很快便在沿海溪流中消失無蹤。與此同時，魚類資源受到過度捕撈，伐木作業破壞了流域，使山坡變得光禿，造成淤泥排入河川。至今，我仍然能在漲潮時於河口附近釣到割喉鱒，數量卻不如以往。那些魚兒曾無所不在，如潮水般能夠輕易預見。海格─布朗對於環境惡化的警告是對的，不過自然的衰敗比他想像的要快得多。我們原本擁有多處盛產鮭魚、硬頭鱒和鱒魚的溪流，但在短短的一個世代之內，許多河川的生態都惡化成瀕臨滅絕的境地。海格－布朗曾親自釣過魚的溫哥華島流域中，有越來越多處都開始禁止捕撈硬頭鱒，因其數量已大不如前，且在全省的範圍內，割喉鱒也成了過往的回憶、無可挽回的昔日。

我在物產豐饒的時代開始釣魚，卻總背負著不祥的預感，感覺自己正在探索的奇妙世界受到了不同於自然的力量所威脅。我不明白是什麼驅使著這股殘酷的破壞之力。我知道是錢在背後作祟，但這些財富只流向少數人，而其造成損害卻由多數人來承擔。比起試圖搞清楚為何社會只為了轉瞬即逝的經濟效益，而允許森林受到砍伐、河流遭到破壞，理解自然世界的複雜性似乎更為容易。

那一年，我意識到周遭環境的巨大衰敗，以及父母婚姻的破裂。我能感受到腳下的大地受到侵蝕，如同在河中涉水時礫石從腳邊滑落那般，其生命正飛快流失。我依舊釣著魚，努力不被這些沉重的悲傷與憂慮所壓垮。我試圖假裝不知道，這股浪潮正慢慢襲上自己鍾愛的一切。

小魚群

A Small Run

我人生中所見的第一條硬頭鱒是死的。

時節正值秋季，在那段日子裡，沒有多少人在我探索的小溪中飛釣，岸邊的釣客也很少是年輕人。沒有人教導我關於硬頭鱒的知識，我只能從書籍或雜誌上讀取相關的資訊，以為這種魚類只存在於著名的河流中，像是迪恩河、基斯皮奧克斯河，或是海格－布朗的家鄉之水——坎貝爾河。自然作家將硬頭鱒描述為最夢幻的游釣魚；難以捕捉、美麗而強壯的鬥士，一旦發現獵物，就會從水中騰起並攻擊漂浮的魚餌。我總夢想著能捕捉到牠。

英屬哥倫比亞的前人留下了許多文獻，詳細記述游著硬頭鱒的偉大河流，但那些水域距離我所居住的溫哥華島南端非常遙遠。除非父親願意在周日開車載我到更遠的城鎮，否則我無法在維多利亞以外的區域自由活動。釣魚之旅提供我們交談的機會，但彼此間的對話卻不曾誠懇真切。他那時是一名政治記者，我對他在議會或市政廳發生的故事不感興趣。

他主要的休閒活動是與其他記者和自己所報導的政客打牌，但我不怎麼喜歡卡牌。同樣地，他也對我的校園生活，或是未來的夢想毫不在乎。

「你可以成為自己想成為的人。」他說，我則咕噥，除了打橄欖球和飛釣之外，不確定自己還想做什麼。

「那可沒辦法謀生。」他答道。「我明年就幫你在《愛德蒙頓日報》找一份暑期打工。你可以坐火車去亞伯塔，我在那裡有朋友能幫忙安排住宿。等你讀完高中，如果還想繼續上大學，我會幫你付第一年的學費。之後你就得靠自己了。」

於是，我的未來便如此計畫好了。但我們那天開車前往河邊時，我反而對釣具箱的飛釣擬餌更感興趣。

他有時會載我到蘇克河畔，自己則去附近酒吧喝上一杯。現今的蘇克河在鮭魚十月返鄉時，總是擠滿互相競爭的飛釣者，但當年並不是非常熱門的釣點，我時常獨自一人享有整片水域。他回到岸邊時，很常會看到我孤獨的身影涉水到河流的深處，身旁游著一群又一群的魚兒。每次上車前，我都得將牛仔褲的水擰乾。

「你都不怕凍死嗎？」當我回到家，母親一見到我濕透的褲子和鞋襪，便會如此責備我。

「不會啦，」爸爸說，「他大概是半人半魚吧。」

隨著我的飛釣技巧不斷提升，收穫也跟著增加——在秋天捕獲剛從太平洋遠道而來的鮭魚，其他時候則會釣到鱸魚和鱒魚。不久之後，父親也注意到了。

一日，我們開車去湖邊——我上次在那兒釣到了一條大鱸魚——他在路上對我說：「教我怎麼用旋繞竿。」他對此感興趣讓我很是驚訝。停車場附近有一座碼頭，那裡正是完美的拋投地點。幾分鐘後，他便將魚餌投入湖中並收回來。

「收線的時候要慢一點。」我告訴他。「讓魚餌稍微沉入水中。」他點點頭，我便讓他自己嘗試。幾小時折返時，看見他釣到一條大鱒魚，臉上掛著得意的笑容。

「這很容易嘛！」他興高采烈地說。此後，他自己買了釣魚許可證，每次出門時，都會帶上我的舊旋繞竿，在鄰近車子的水域釣魚，從不離開到很遠的地方。即便他小時候曾在英格蘭踢過足球，但我不曾見過他在成年後跑步、運動或做任何需要耗費體力的事情。他喜歡獨自待在同個水池釣魚一整個下午，我經常在數小時後看見他仍站在同塊岩石上。他有時釣到魚，便會取笑我得如此費勁，他卻只需默默等著魚兒自己上鉤。然而，對我而言，滯留於同個池子無法滿足自己對未知水域的渴望。我總是竭盡所能，探索溪流中的每一處彎道和池潭，從淺灘涉水到深處、從夏季到十月結束。

我在蘇克的一條小溪彎道上發現一座完美的池子，距離公路橋步行不遠，於是將父親帶去那裡。我能讀懂流水，知道水流會帶著釣餌穿過深層的急流，抵達鮭魚往上游出發前所停留的地方。

「拋到池子的頂端，讓水流帶著魚餌穿過那條狹縫。」我說道，並為他綁上釣餌，大到足夠吸引銀鮭，卻也小到足夠讓割喉鱒一口咬住。

我將他留在那兒釣魚，自己則涉水前往上下游探索，爬過巨石，躲避低垂在水面上的樹枝，發現藏身於黑暗縫隙中的割喉鱒和銀鮭。我曾多次踏足這條溪流，認為自己對它瞭若指掌。我對這片水域發展出一種特殊的親密感——它正逐漸成為我新的家鄉之水。

——

那日下午，我遇見了另一位在橋邊停車的釣客。很少能見到其他人也在這條溪釣魚，我好奇他是否是因為看見父親在此處停車，自己也才停了下車垂釣，所以我和他聊起話來。

那位釣客看起來顯然經驗老道，穿著厚重的涉水裝，格子短衫塞在吊帶下，手持沉重的釣竿和線輪。他正在拋投浮標和裝有鮭魚卵的誘餌。那是我孩提時常用的技巧。

「釣得如何？」他問道。眼前的男人有一張紅潤、受過吹日曬的臉龐，長著白色的鬍渣。友善、樸實，和我一樣獨自釣魚。

「一些不錯的割喉鱒和幾條銀鮭。」我回答道，因為涉足於同一條溪流，而感到親切。他沒有看見我身上有任何漁獲。

「都放了。」我說。

「沒有硬頭鱒嗎？」他問。

「沒有，這條溪沒有硬頭鱒。」

「是哦，」他說，「我有遇到小魚群。」他走到自己的車旁，打開了後車廂。

眼前的一對魚兒美麗得令人心痛，那是我見過最美好、最悲傷的存在。從河中捕撈出來的硬頭鱒閃閃發亮，頭朝尾地堆疊在一起，就像從排乾的水池中匆匆而過一樣。牠們長有豐滿的雪色腹部，光滑的綠色背部上布滿黑色斑點。其體型猶如火柴般粗壯，幾乎是我釣過的五磅重銀鮭兩倍之大。這對魚是如此完美，對稱之美令人驚嘆；兩條配對的魚兒正在前往產卵的路上。

我驚得目瞪口呆。我應該要知道這條溪流是有硬頭鱒的。我本該是那個抓住牠們的人，但不知何故，自己盲目地讓獵物從身邊溜走，沒有意識到牠們悄悄隱藏於黑暗中。我為自己不熟悉家鄉之水而感到羞愧，也為此等稀有且美麗的魚被殺死而感到悲傷。牠們就在眼前——我在書中讀過、如神話般的硬頭鱒，宛若肉櫃上的死魚。我心想：「為什麼不放牠們走？」但出於禮貌，並未說出口。

我在飛釣時，常會感到一股輕盈感，身體受到抬升，彷彿水中的重力減輕。然而，那日卻極為憂傷，這般的感受在我的一生中，不斷從游著硬頭鱒的河流襲來，那裡魚種若不是瀕臨絕種，就是消逝於世。我可以將這種失落感、這種沉思的憂傷，回溯到在亞伯塔的灌木森林中所度過的童年。我在那裡第一次意識到自然世界是何等脆弱、容易受到破壞。在生活中，家庭亦是如此。

洄游的硬頭鱒很快便會從我的家鄉之水，以及溫哥華島上的諸多小溪中消失無蹤。這些水域過去可能只有三十條硬頭鱒於其中產卵。無人確切知道，但的確不需耗費太多力氣，牠們便會被抹滅殆盡。過多的硬頭鱒被釣客殺死並靜靜放置於後車廂中，或遭受商業濫捕，以及因伐木所導致的流域侵蝕而失去家園。難以計算的大量土壤從光禿的山脈中流失，產

卵的河床受到淤泥覆蓋，將孵化於礫石中的魚卵窒息。

不只有脆弱的溪流受到影響，在許多英屬哥倫比亞河流中——包括因海格—布朗的作品而著名的河流——大型硬頭鱒的數量上也急遽下降，以至於政府規定必須放生所有野生的硬頭鱒。這麼做也無法奏效時，一些流域便乾脆禁止撈捕硬頭鱒。在我幾十年的一生中，湯普森河的硬頭鱒數量從歷史高峰的兩萬條，降至不到兩百條。僅僅不到一代人的時間內，自然富足淪為物種滅絕。

海格—布朗並未遇見這點——至少不認為會如此快速、如此嚴重。我也沒有料到，儘管在老人關上車廂、硬頭鱒永遠消失的那日，我的心中便升起一種不祥的預感。

我離開那位釣客，前去找我的父親。他依然處在原地，於彎道處的池中開心地釣了幾個小時，身旁的岩石上躺著一條美麗的大型銀鮭。他為此而感到自豪。他正慢慢成為一名釣魚者。

——

那是我們最後一次去那兒釣魚了。那次旅行不久後，母親便告訴我，她和父親要分居的事。大學上完課回家時，我發現她獨自一人在廚房裡哭泣。「他搬走了。」她的聲音中充滿著苦楚。

父親後來對此無話可說。「人是會變的。」他將行李箱放進車上後說道。「我們只是漸行漸遠了，這對所有人來說都是最好的。」於是便開車離去。

我能理解他的觀點，但不知道他們之間關係的疏遠究竟該歸咎於什麼。他在新聞界有著充滿活力的職涯，被派往歐亞各國與首相、省長和企業高層來往，卻將她獨留於家中與世隔絕，只能獻上全心全意來撫養兩人的孩子。母親的努力付出使父親能夠自由追求事業，卻也讓自己孤立無援，於彼此間產生出一道智識和情感上的鴻溝。

他始終確信自己的決定是對的，開口說自己要繼續前行時，聲音中帶有無可撼動的堅持。很顯然地，他並未回首，我也覺得為此爭論已經毫無意義。他很快便與一位年輕女子同居，她的職業生涯和旅行經驗與父親相匹配。即便曾在英國經歷過二戰的猛烈轟炸，母親依舊對事態的發展感到震驚不已，對兩人之間所發生的事保持沉默，幾乎絕口不提。

父親離開她的身邊後，母親在家中總是處於困惑和疲憊的狀態，彷彿幽魂般在一座慢慢空蕩的大屋子裡徘徊。在先前的幾年內，我的三位兄弟——史蒂芬（詩人兼記者）、提摩西（藝術家兼農場主），以及安德魯（攝影師兼媒體顧問），陸續離開家鄉，並在其他城市中找到了工作。而我還是一名大學生，只能徒步到離家不遠的校園，透過編輯學生報紙來支付第二年的學費。喬納森是家中最小的孩子，當時正在外頭負責鯡魚的進貨工作，花費很長的時間跟隨船隊駛入阿拉斯加灣。

我不知該如何幫助母親。她沉靜寡言，卻也隱藏著一顆堅韌之心。一日，她宣布自己在維多利亞市郊的一間小旅館中找到一份房務工作，並且準備搬出去住。

她將行李箱收拾好，並說道：「我不打算扮演被遺棄的女人。」

母親便如此離去。喬納森從海上回到家時，發現自己和我被徒留在空盪的屋子、逐漸消失的記憶，以及不為人知的故事裡。

「嗯，這真是一筆了不起的交易。」我們坐在那張老舊的橡木桌前時，喬納森這麼說道。這張桌子一路繞過合恩角，從遙遠的彼岸來到朋提克頓，並在許多屋子裡，經歷過許多頓我們一家所共進的繁忙餐食。喬納森在那時還是個青少年，但在漁船上體驗了艱辛的勞動後，已經成長為一名大人。他看似堅強，卻在我們聽見房子的沉寂、思考父母的分離意味著什麼的時候，藏不住內心深處的絕望。

「我只是把所有的情緒都埋在心底，任由它們潰爛。」他在事後如此說道。

這場改變頓時使我們迷失方向，感到困惑不已。家裡的房子是租來的，在父母相繼離去後，帳單很快便落在我們的頭上。那年年底，我從大學退學，以便找到工作，並搬進和朋友同住的房子。喬納森在家裡待了段時間，與一支需要俱樂部會所的橄欖球隊合租。之後，他也繼續前行了。

——

生命並非平穩、連續的片段。生命宛若河流，會加速與放緩，有深水也有淺灘，其中多處模糊而難以看清，只要一個不小心，便有可能溺斃。對我而言，接下來的十年流逝得如此之快，好似一條受到重重拉扯的魚線。

在二十多歲時，我匆匆經歷了一系列新聞工作和過多的人際關係，其中包括一段短暫且破裂的婚姻；最終以混亂收場，未留下孩子。我才剛開始考慮組建家庭，這段關係便落得這般下場，使我不禁懷疑還有什麼是值得依靠的——也包含我自己在內。我收拾好行李並搬進旅館，將「當父親」的想法拋諸腦後。此後，我遠離了流水，全神專注於工作，與心底的自我切斷了聯繫。

一日，在為另一份工作收拾行李時，我找到了以前的飛蠅竿。它被存放於衣櫃深處的一根鋁管中，其銀色金屬的材質呈鮭魚色，摸起來冰冷。我也挖出了釣餌盒與涉水靴，憶起自己曾經垂釣過的河流與湖泊。

我深知，自己必須找到返回它們身邊的路。

II

流水終會溢出

Overflow

「萬物皆會流動，無一物保持永恆不變⋯⋯人無法踏進同一條河流兩次。」
赫拉克利特，希臘哲學家，西元前五四〇至四八〇年

聖約瑟夫河

Saint Joseph

橘色陸地巡洋艦的車頂架上掛著綠色獨木舟，砂礫擊打在底盤上而發出聲響。我們身後飄揚著一團夏日的浮灰，細細塵霧在空中繚繞，於伐木道路上標下我們的蹤跡，一路穿過森林的遺址，通往溫哥華島北端的聖約瑟夫河。

瑪姬和我在一座橋上放慢速度，巨大的木樑在卡車的重量下嘎嘎作響，向下看去便是一片明淨的青綠河水。灰石如鮭魚背部般布滿斑點，在所有光線消失的底部，堅固的黑石形成河床。無數世紀以來的流水親吻這些石塊，使其變得光滑，春季的洪水則將每一塊都安置在合適之處。

雪松的樹枝從河岸垂下，於水面上倒映出一片綠光；在悠然沉靜的樹蔭下，蕨類的葉片像一群正在覓食的鳥兒，此起彼落點著頭。瑪姬從車窗外看見秋沙鴨帶著九隻雛鳥逆流而上，牠們剛孵化不久，但已善於在水上滑行。

我們開了幾分鐘的車程，穿越一片古老密林，對其幅員之遼闊感到驚嘆，但這不過是曾經繁盛的森林在經歷人為砍伐後，徒留下來的渺小殘片。「伐木」只是個術語，「橫搶硬奪」或許更能貼切描述此處受到蹂躪的處境。我們繼續行駛，經過數英里的瘡痍荒地，所見之處皆是堆積成山的樹木遺骸。伐木區和保留區之間的對比如此顯而易見。

「天呀！」瑪姬驚訝道。她從安大略省遠道而來，之前從未在英屬哥倫比亞見過這般殘破不堪的景象。「簡直是徹徹底底的毀滅。難道沒有法律禁止這些行為嗎？」

沒有。瑪姬在曼尼托巴省的松瀑鎮長大，她的父親在那裡經營造紙廠，所以她也深知伐木區的醜陋。然而，英屬哥倫比亞的砍伐規模實在駭目驚心，整片山坡幾乎被夷為平地。

「鳥兒都去哪裡了？」她問。「動物們都去哪裡了？」

我們的周遭圍繞著一大片樹木的屍身，無數世紀的年輪裸露在外，殘枝斷木堆得比房子還高——這就是工業伐木的典型廢墟。隨後，我們駛入斯考特角州立公園的保留區，又回到了重重樹海的懷抱。深林的樹蔭下涼爽，我們終於聽見一群松樹金翅雀從頭頂飛掠時發出的輕輕低語。

對我們而言，那是一場探索之夏。一年前，我在渥太華擔任政治記者，瑪姬則是一位科學記者。我們在國會山莊的新聞室共事，周末會一起走進鄉間、穿越樹林。她為我辨識鳥類，我則指出在白楊樹高處覓食的豪豬。秋日午後，我們站在碼頭上，一旁的樹木隨風擺蕩、閃閃發亮，我看見一條魚的身影。

「看著。」我說。

我從口袋裡掏出一枚五分硬幣，將之擲進水中。它緩緩沒入深處，在微弱的陽光下閃爍光芒，一條小口黑鱸隨即游出，大力咬住硬幣。我們笑了。我和她講述游著鮭魚的河流、野熊與偌大森林的故事。接著，我告訴她，自己將辭去渥太華的工作並返回西岸。她答應會前去英屬哥倫比亞——再見我一面。我不知道自己回去是要尋找什麼，但我知道流水必是解答。

幾個月過去，瑪姬前來拜訪、尋找我，想知道我是否找到了自己所追求的平靜。與此同時，她也想弄清楚自己對我的愛意，是否願意為了我而辭去工作並搬到西岸。我不知道該對此說些什麼，不確定是否值得冒著事業風險，只為追求像一段關係這般無可捉摸的事物。我認為最好的做法，也許就是攜手穿越荒野，看看它會將我們帶向何方。

路的盡頭是一條平靜、深暗的河流。我們將獨木舟從車頂取下，裝上露營裝備後，隨即啟航。

划過低垂的樹枝，上頭掛滿海草，猶如人魚的秀髮般柔順、潮濕。「這片水域會受潮汐影響，離海洋不遠了。」我說。

瑪姬深吸一口氣，屏住呼吸。「我能聞到大海的味道。」她說，很高興能遠離城市的喧囂。兩岸都坐落著大樹：花旗松、雲杉，以及一棵古老雄偉的雪松。視線的遠處，可以看見有什麼東西正朝著我們逆流而上。瑪姬掏出賞鳥望遠鏡一探究竟。

「有兩個人在一艘船上。」

他們看起來就像笨拙的海洋生物掙扎著上岸。我們漂近時，看見兩個人坐在充氣獨木舟上，中間的船身因他們的重量而彎曲。他們手持划槳，奮力拍打水面。

「你們來得剛好，」船頭的人大聲喊道，「趕上潮水了。」

他們碰巧遇上了強勁的逆流，我們則有幸跟隨著它一路往下游前行。

「離海邊有多遠？」我問。

「我們花了大概半小時，你們十分鐘就能抵達了。」其中一名男子說道，不停猛烈地划著船。

我們漂過一段路程，河岸皆是高至腰身的草沼植物，一對水獺朝我們游來。牠們一看見獨木舟，其中一隻上了岸，消失在黑暗中，另一隻則潛入水下，其路線標示著一串銀色的氣泡。

前方，我們聽見海浪不斷拍打的濤聲，以及海鷗在空中盤旋時所發出的鳴叫。瑪姬以望遠鏡觀察頭頂的飛鳥。「灰翅鷗、普通海鷗，不太確定。有很多隻，盤旋不停。」她說。

此地的北邊是一片長長的沙地，南邊則是岩石海岸。海灣呈平緩的弧形，遠處一側的海岸坐落著海蝕柱，植被茂密的山脈從另一側拔地而起，直直穿入蔚藍的天際。海灣延伸至遙遠的太平洋，雲幕籠罩在彎曲的地平線上，眼前的一切廣闊無比。

海灘上，亮橙色的篷布覆蓋在一堆漂流木上，形成一間簡易小屋。門口坐著六個人，一旁的樹林中走出一名男子，一位二十出頭歲，另一位則稍微年長。他們搭著肩，年長者似乎站不太穩，被年輕人扶著，因酒醉而大聲嚷嚷。營地的人向他們呼喊。有人笑了。附近有兩個十幾歲的女孩坐在沙灘上，伸展著腿，讓海浪觸及她們的雙足。

浪濤在我們眼前重重擊上岸，碎成一片又一片的浪花。

「獨木舟沒辦法穿過那些大浪。」我說。「我們可以順著岸邊走，找一個安靜的地點來露營。」

「我們走得遠一些吧。」瑪姬說道，瞥了一眼那鋪著篷布的營地。她下船涉水並浸濕了自己的短褲，拉動獨木舟穿過淺灘，船身在一波波的浪中搖晃不定。我們將營地遠遠甩在後頭，在一堆漂流木附近搭起帳篷——那些浮木被冬季風暴棄置於此處的海灘上。附近矗立著一座海蝕柱，上頭長滿青苔，頂部生有小樹。海灘依著一排濺起泡沫的浪潮，在我們的面前連綿至絕域，宛若一條於大地邊緣延展的絲帶。海浪一口氣傾洩而下，發出一聲沉悶的巨響。

那晚，風颳得強勁而穩定，我們看見獵捕鮭魚的船隊剛好在天黑駛來，漁船的燈火在索具上忽明忽滅。船隻停泊在遠岸，利用森林和山脈作為避風港。

「不敢相信這一切有多美。」瑪姬說道。身處於都市，我們總是熱烈地討論著工作，而此時此刻，一切似乎都是如此遙遠，如此微不足道。這裡的生活就像呼吸一樣簡單。

「我好懷念這種感覺。」她說。我意識到自己所想念的，是與一個幫助我站穩腳根的人分享大自然的美好。我能感受到，她正慢慢將我拉回現實。

海浪咆哮了一整夜，我們隔天早上睡得很晚才起來。太陽的溫暖將我們喚醒，帳篷如女子的長裙在風中擺盪，沙沙作響。

偶爾會有人從篷布營地經過：一名老人和一位年輕女孩摘採漿果，兩個年輕人追逐彼此並咒罵著，小屋旁酣醉的人們則朝著他們喊叫。我們決定最好避開他們。

太陽日復一日地照耀。一片迷霧在遠處的外海上緩緩蔓延，安詳而柔和，但海灣內的空氣清澈、海水湛藍。黑夜時，一頭熊在沙灘上留下完整的足跡。我呼喚瑪姬前來看看這副爪印，接著便聽見藏身於樹林裡的熊。一根樹枝斷裂，我可以想像熊置身於涼爽的樹蔭中，試圖看清我們在耀眼白沙上的面容。我丟了一塊石頭，聽見熊笨拙地跑進灌木叢，逃之夭夭。瑪姬驚訝地笑了，看著熊在森林中跌跌撞撞的姿態，她說：「不怎麼優雅。」

四十分鐘後，那頭熊（或是另一頭）返回，沿著海灘走向我們。牠低垂著頭，左右搖擺，移動相當地快。

「哦，不妙。」我對瑪姬說，並決定為牠讓路，走到水邊的一塊岩石上。那頭熊緩緩漫步到我們的營地，直到我吹了一聲尖銳而堅定的口哨，牠才停下、轉身，沿著海灘走向篷布營地，隨後又消失在隱密的森林中。

那日下午，海蝕柱的影子落在營地上，使帳篷變得涼爽，我們躺在裡頭休息。我只聽得見汩汩的海浪，以及瑪姬輕柔的呼吸。很難說清，海洋的力量究竟終止於何處。

傍晚平靜，浪潮漸息，風也在片刻間歇下，夕陽沒入太平洋之後，閃耀二十四種橙色的光芒。我依靠浮木而坐，一邊觀察著海灣的景色，一邊等待營火燒成煤炭。以望遠鏡搜尋時，會看見許多奇妙的事物，意想不到的驚喜憑空浮現——一頭鹿從樹林中走出，小心翼翼穿過海灘，游向遠處的岸邊。一頭熊翻動岩石以尋找螃蟹。海豹的頭時隱時現，潛水的鳥兒浮出水面，遠方的鯨魚噴出氣息。遠眺海灣時，看見一條鮭魚高高躍出波光粼粼的海面，肚腹雪白，背部淡藍。只閃現一瞬，便消失無蹤。

幾艘商業漁船回到海灣，並停泊在前一晚的遠岸上。距離太遠，看不清他們在做什麼，但能隱約瞥見船尾附近的人影，我想他們肯定在清理漁獲，將內臟扔到一旁，血肉的盛宴就此展開。海鷗在漁船上方盤旋。螃蟹聚集在下方蠶食。我望向地平線，天際閃爍溫柔的藍光。暮色緩緩降臨。

翌日早晨，我們爬上山徑，通往一座高峰，希望能從那裡俯瞰保留區的海灣；據說此處是為了保育海獺而設置的。一片來自太平洋的烏雲飄來，遮掩海面。一縷縷的薄霧纏繞在樹枝上，凝結成露珠而滴落。周圍的森林變得涼快，海灣躲藏在茫茫白紗之後，難以看清。雲霧太過濕冷，我們於是退回樹林中，沿著山徑回到海灘，重新迎接夏天。

午後，我們離開營地，計算好時間，讓漲潮將我們帶回上游。我們順著前來時的路徑開車離去，穿越伐木區並抵達哈迪港，搭上一艘渡輪赴往魯伯特王子港，隨後又再乘去海達瓜依，英屬哥倫比亞北岸附近的群島。

我們乘坐一艘老舊的渡輪，掃視水面以尋找鯊魚鰭的蹤跡，試圖辨識乘風飛過的海鳥群。在夏洛特皇后市，我們沿著碼頭大道漫步，瑪姬與每個當地人交談，對小鎮所展示的友好還以微笑。陌生人告訴我們在哪裡可以看見鯨魚，以及在哪裡可以找到最好的海灘。

飛釣者的雙眼總是注視著水面。駛出夏洛特皇后市不久，我將車停在路邊。

「那裡有東西。」我指著海灣說道。海面一處，似乎有股溫和的波動，猶如來自地下的泉水湧出水面。海鷗在漣漪上盤旋，瑪姬透過望遠鏡觀察鳥兒是否正在攻擊一群餌魚。

一頭鯨魚緩緩現身，其灰色的背身刺穿藍色海洋。牠噴出一縷閃爍光輝的水花，如一層由微小魚鱗所縫製的薄紗，懸掛於空中片刻。鯨魚弓起背並沉入海底，一座島嶼沉沒深淵。牠正大口吞食獵物，可能是磷蝦或是產卵的鮭魚。

鯨魚再次浮出水面，距離如此之近，我們可以聽見牠呼出氣息的聲音——噗呼——海鷗興奮地叫喊並俯衝到水中，捕捉從鯨魚嘴裡溢出的食物。我們靜靜看了半小時，接著便離去，繼續前行。海達瓜依總有更多值得一看的事物。

我們停在特勒爾河畔，如此便能釣捕割喉鱒。已經好久沒有這麼做了。在水面上劃過魚線，感受冥想的力量，感覺真好。我沉浸於靜謐的節奏之中。

就在這時，一條鱒魚從深水迅速游出，撲向我的釣餌，猛烈的攻勢使水花四濺。我將之拉上岸，看著牠不斷掙扎的身體。那是一條小型的鱒魚，形狀完美，冰冷如太平洋，斑點密布。牠的下顎生有兩道紅痕，表明其割喉鱒的身分。

我已經三十四歲，自從十年前搬離海岸，就未曾釣過割喉鱒。彷彿只是從書頁上稍微移開目光，生命便錯過了一整個章節。我將魚抱起，憶回在穆爾溪釣魚的情景，當時的我正在學習飛釣，弟弟喬納森涉水為我撈魚，而父親則在岸上觀看。一陣悲傷襲來。我放手，讓記憶和魚兒游走。

瑪姬漫步穿過沙丘，靠近河口遠望飛鳥，張開雙臂站著，微風輕輕撫過她的頭髮，夾克隨風飄揚。她的臉上總是掛著笑容，雙眸如大海般湛藍。

我在河中涉水，離海如此之近，足以聽見潮浪的聲音，感受空中傳來的震響。

我們在北海灘紮營，那裡世代生活著海達族，根據他們的創世神話，第一批人類是從巨大的貝殼中誕生的。若身處於此地，透過薄霧眺望阿拉斯加狹地的島嶼，很容易會相信這道傳說。

我們在潮濕的沙灘上挖掘大西洋刀蟶，將手深深埋入地底的黑暗中，直至感受到貝殼的粗糙質地，接著便把牠們帶到陽光之下。我們走入深及腰部的海中，於淺灣捕捉到黃金蟹。在一塊突出的岩石上，瑪姬將手伸入潮池，穿過自己和上方藍天的倒影。

「你看。」她說，雙手捧著銀色的清水，以及一隻長有斑點的小章魚。光線穿過牠透明的身體，就像一塊會移動的紅色玻璃。瑪姬將手放回水池中，章魚笨拙地伸出八爪，朝著四周所能觸及的東西延展，漂入底部並消失於岩石下。牠將自己拉向虛無，猶如逃離光明的影子。

瑪姬抬起頭，既驚訝又高興。

離開海達瓜依後，我們驅車前往內陸，順著斯基納河穿過海岸山脈。我們停在巴爾克利河畔的莫里斯鎮，觀看維特索特恩族的漁民在流過維特賽特峽谷的激流中捕捉鮭魚。黑色的岩石壓迫著河川與游魚，形成緊密的涓涓細流。維特索特恩人使用長網尋找魚兒，在混濁的水中感受魚群的碰撞。他們將網裡的鮭魚舉到空中，發出歡喜的雀躍。

我們前往一家燒烤店，維特索特恩族的長者賣給我們捲起來像《死海古卷》的魚乾。我思索著，若能解讀其中的祕密，它們便會講述無盡旅程的故事，講述關於創世的故事。

「只要在篝火上烤，它就會出油、展開，很好吃的。」她說。「你們不會是漁場的臥底吧？」她在收錢時如此問道，打量著我的面容以尋求保證。一旁的男子穿著格紋襯衫、磨損的靴子，以及繫著沉重的銀環的牛仔褲，靠坐在木椅上，腿上放著一把吉他。

「這首歌獻給妳。」他對瑪姬說道，並開始唱起一首關於牛仔和孤獨之路的民謠。我們開車離去時，向這對夫妻揮手道別，卡車裡瀰漫著煙燻鮭魚的香味。

——

那年夏天，英屬哥倫比亞發生大規模的野火，許多僻徑不得不因此關閉。全球暖化造成連續幾年的暖冬，山松甲蟲肆虐成災，留下垂死的乾枯森林，猶如巨大的火柴盒。野火不斷在英屬哥倫比亞的廣袤大地上延燒，所幸後來下了三天大雨，火勢才有所趨緩，但空氣中依然瀰漫著藍色的煙霧，揮之不去。正當我們接近保隆湖州立公園的岔路時，廣播宣布野外旅行的禁令已經解除。這座公園擁有全世界最好的獨木舟河道，由卡里布山脈的一系列湖泊所構成，預約登記處的等候名單通常要排很久才有自己的份。不過，那場夏季的山火打亂了所有人的計畫。我們下了高速公路，開到公園管理室，詢問是否能夠得到划船的許可證。

「外面只有兩支隊伍，」護林員表示，「你們幾乎可以獨享此地。」

於是，我們在起伏不定的水面放下獨木舟，頭頂的天空則烏雲密布。我們沒有時間划完一整圈，但可以野外度過幾天。那晚，我們在斯旺湖尋找指定的露營地時，一場大雨突如其來地重重落下。在雨幕的籠罩下，很難看清岸上的景象。我們在遠處發現一頭駝鹿站在水邊，其黃褐色的皮毛在茫霧下格外醒目。我以駝鹿作為指引的目標，朝著湖的那側划去。我們抵達時，那隻動物已經不在，但牠曾經駐足的海灘就在我們迫切尋找的露營地旁。

「那是個徵兆，」我說，「牠引導我們來到這裡。」

我們看見樹林中的露營地，匆忙上岸。雨停歇了幾分鐘，我們搭起帳篷，笑著走進去後，下一輪大雨隨即來臨。雨滴拍打在帳篷頂上，嗒嗒作響，勁風不時猛烈吹襲。雨水沿著篷布的皺褶形成細流，匯集成一灘池子，濺溢出水花。我們拉上睡袋的拉鍊，緊緊依偎在一起，聽天由命。

帳篷隨著強風不斷搖擺，我說：「我喜歡暴風雨。」瑪姬沒有回應，她已經陷入沉眠。

隔日，我們看見老鷹佇立在保隆河畔。每一百碼就有一頭鷹棲息在樹上，聳著肩膀，俯視水中。

「牠們在找鮭魚。」我說。

我們順著緩慢的河流划行，尋找紅鉤吻鮭的鮮紅身影。洄游的隊伍仍未到來，但老鷹有時會在湖面上盤旋，後又回到河岸，彷彿能夠預見鮭魚即將到來。牠們知道魚群到達淺水處時，自己就能盡情地飽餐一頓。

我們在一座碎石灘停下吃午餐，隨後折返，靜靜順流而下。在河道狹窄的彎處，一頭熊從灌叢中出沒。牠的皮毛呈棕褐與琥珀色，一臉疲憊的樣子，距離我們約五十英尺遠，緊緊逼近，我驚得不敢出聲，只向前傾，以划槳觸碰瑪姬。她回頭一看，見到我將手指放在唇上，示意地指了指前方。我們朝著熊的方向漂近，慢慢經過牠的面前。牠以後腳站立，從柳樹中伸出前爪。我們之間如此迫近，牠只要一躍便能跳到獨木舟上。

熊用力地嗅了一口，抬起鼻子尋找我們的氣味，頸部的皮毛豎起，肌肉緊繃，嘴部微開。接著，牠轉過身，四肢著地，向灌叢裡奔去，柳樹的樹梢隨之搖晃，樹枝也跟著折斷。

瑪姬瞪大著眼回頭看我，將屏住的呼吸一口氣吐出。我停下划船，直到獨木舟轉過彎道，我們才敢開口說話，試圖安撫失控的心跳。

「那頭熊實在太近了，」瑪姬說，「我都看得到牠的肚子。牠的爪子也好大。」

「那是頭灰熊。」我說。「從未那麼接近過。」

「灰熊？」她回應。「你以前都沒有這麼接近過嗎？」

「從來都沒有。」

「我再也不想遇到。」她說，儘管我知道，她並不後悔發生這種事。

我們划船回到營地，又於遠處看見駝鹿徘徊在帳篷旁的水邊。我們走近時，瑪姬舉起望遠鏡查看。

「那可不是駝鹿。」那是另一頭灰熊，體型足足是河邊那頭的兩倍。牠正在海灘上踱步，我們靠近時才慢慢離去，不情願地返回森林。牠回頭一望，好像要改變主意，但又躲進了灌叢的帷幕之後。

熊在沙地上來回的足跡清晰可見。當洄游的魚群抵達，鮭魚將進入那座海灣，若礫石下藏有地下泉水，牠們或許就會在湖岸的淺灘產卵——熊的饗宴為期不遠。如同老鷹，灰熊也在等候紅鉤吻鮭將自己作為獻禮。

我們餘悸猶存，帶著忐忑的心上岸，拆下帳篷，警惕四周樹林的動靜。我走入林中，取回藏於樹上的食物，彷彿還能聞到熊的氣息，牠殘留的餘溫如新翻的泥土散發一股淡淡的麝香味。

當天早些時候，我們划過保隆河口附近的一間破舊木屋，我提議可以暫住那裡。

「大概是一名獵人或探礦者在五十年前蓋的。」我說。「應該還很堅固。」

「有一扇門。」瑪姬說。我們於是搬進去住了幾晚。老鼠的腳步在屋頂上拍打著，好似輕柔的細雨；每晚，一頭公駝鹿都會從林中走出，以湖泊中的水生植物為食。牠抬起頭時，水便會從鹿角上流下。白天，我在附近的河狸池塘釣小鱒魚，同時注意是否有熊出沒。

我們逆風划船到出口，裝載獨木舟之前，將相機放在卡車的引擎蓋上，拍了一張兩人的合照。在照片中，我們都曬得古銅，因看到灰熊而高興，也因划槳而變得強壯。

我們從保隆湖向南行駛，不疾不徐地踏上回到溫哥華的路。一路蜿蜒穿過森林並沿著河流前行，我們折返小徑，在湖邊露營。我們有時會在獨木舟上漂流，身後拉著魚餌，準備釣得虹鱒作為晚餐。魚在煎鍋裡滋滋作響，雪白的肉質細膩而鮮甜。

我們最終抵達熙攘的都會，感覺就像要一起回家。我努力不去想著飛往渥太華的班機，不去想著瑪姬即將離開我的身邊。

在機場，我們輕輕擁抱彼此。瑪姬說我的身上殘有營火的煙味。接著，她便離去。

終其一生，我都過著游牧般的生活，經常離開城鎮、家鄉、工作和朋友，且不帶有任何遺憾。然而，這次感覺有所不同。飛機起升後，我獨自留在機場許久，思索自己能做什麼來改變如此的生活軌跡，為漂泊流離的日子畫下句點。在瑪姬出發前，我告訴她，自己屬於西岸，連綿不斷的群山與游著鮭魚的河川是我的心之所向。但我也思考著，自己是否會為了追隨她，再次離開家鄉。

回到渥太華後，瑪姬心心念念著森林與海洋、迷你的玻璃章魚，以及如帳篷一般大的野熊，她打電話說自己決定回來，和我在英屬哥倫比亞共度生活。至少得嘗試看看。之後很快便發生了改變。即將到來的人會跟著我們踏上旅程，依著海岸、穿越山脈，並抵達保隆河——她將在那裡和我們於灰熊的陰影之下一同前行。

瑪姬總是說受孕的時間點無法準確斷定，但我堅持追溯到那條塵土飛揚的伐木道路，追溯到那座以聖約瑟夫命名的海灣。

這一切的確是個奇蹟。

兩個

Two

走廊上傳來一名女子的尖喊，那是一道深沉而刺耳的哭嚎，釋放著痛楚。我感到喉頭一緊。接著，我們的房間旁也傳來另一道聲音，發自喉嚨深處，聽起來像是一頭熊在樹林裡咳嗽。我當時正在英屬哥倫比亞的婦女醫院，等待成為一名父親。

在我們的房間裡，瑪姬默默更換外衣。她看似平靜，走廊傳來的分娩哭喊使我打顫，卻並不困擾她。我身處於女人的領域，對她而言，那些聲音並不意味著恐懼，而是力量、肯定，以及團結。她躺到床上時，肚子緊繃得像個鼓，我試圖回想在聖保羅醫院上過的分娩課程中，技術人員向我展示的超音波照片。面對模糊的黑白影像、羊水裡的生命輪廓，我意識到這件事有多麼重大。在那一刻，胎兒似乎跨越了深不可及的鴻溝，實實在在地躺臥於母親的子宮內，卻也感覺不真實，宛如一顆漂泊的彗星般渺遠。我將照片握在手中，又伸手觸摸瑪姬。胎兒就在眼前，相隔著血肉，漂浮於羊水中，我感受著它的移動，透過瑪姬的皮膚散發熱量。

產床底部有個以壓縮海綿包裹的扶手，供分娩的產婦抓握。我試著想像那種姿勢：母親緊抓欄杆，雙腳支撐著，向前拉動身體，同時向後將嬰兒推出。這看似稍微合理，但也令人費解。我試著想通這些事，但發現即便接觸過許多講述分娩的課程、書籍、圖表和好萊塢電影，自己依舊對此一無所知。低頭一看，發現欄杆上的海綿留著被指甲撕破的痕跡。一旁，留有一個參差不齊的深深咬痕：門牙、犬齒、臼齒。一個女人曾試著以牙齒咬斷這個扶手，如狼一般撕咬獵物。

我聽著走廊上的尖喊，心想：暴風雨將來臨。

我不會寫太多描述男人如何經歷分娩的故事，因為那是女人的處境，除了不安、焦慮和恐懼，我無話可說。

隨後，風雨登陸。

助產士和瑪姬一同度過分娩的第一階段，醫生則進進出出，不斷提供建議。進入第二階段的過渡期間，瑪姬變得精疲力盡，孩子依然出不來，停在產道中，距離出生只有一步之遙。醫生拿出產鉗，打算要抓住嬰兒的頭部，將她拉進這個世界，助產士卻讓他放下工具。

「這個寶寶得自然產。」她的語氣不容質疑，就像將一把刀插進他們兩人之間的桌上。醫生點了點頭，退後一步。我們等待著。

「好吧。」瑪姬說，抓住床欄，再次嘗試推動腹中的重物。

於是，艾瑪出生了，從母親體內滑出，被輕輕舉起、擦拭，過了一會兒便躺在瑪姬的胸前，開始吸吮。

據估計，地球上每天都有三十五萬名嬰兒誕生，每秒大約有四個人類新生降臨。世界擁有將近八十億人口，生子顯然是女性相當擅長的事。生產是個非常自然的過程，大多數的動物都能將此融入生活中：馴鹿會在行走時產子，熊則在會睡眠時分娩。然而，對人類而言，生產是更加複雜的一件事，因為我們傾向以醫療行為介入過程——至少在第一世界已經變得越加複雜。多數婦女會進到醫院，接受醫生和護士的看照，並透過精密儀器進行監測，腹中胎兒也會經歷超音波技術的反覆掃描，以追蹤並記錄每個發育階段。父母會得到子宮內的照片，得以一窺生命孕育的樣貌。性別能在產前預知，染色體疾病、心臟缺陷或其他先天性問題，也可以提前檢測出來。

過去的情況要簡單得多。在大部分的歷史中，婦女會在沒有任何醫療協助的情況下分娩，而如今即便擁有現代醫學的幫助，生產仍舊是個奇蹟。見證這段過程猶如獲得啟示，顛覆過往的印象，直擊靈魂的深處；就像從屋頂上摔下卻以腳落地一樣，令人困惑而不知所措。在那一刻，大地在腳下會是何等的堅實、無可撼動，一切都在這暈眩的降臨之中，出現了某種變化。

媒體長期塑造了我對女性的看法：溫柔而深具魅力。這些形象就在那日早上的產房中，被一個女人所面對的現實徹底取代。她尖喊著，將生命帶到世上。一旦親眼目睹此等的殘暴，任何人都無法擺脫，也不會願意擺脫。嬰兒第一次呼吸——著實算是個奇蹟——接著發出對生命的呼喊。一道未曾聽過的嶄新之聲喚醒了我，如同喚醒了她自己一樣。茫然、困惑、精疲力盡，我躺在瑪姬身旁的輪床上，她已經陷入沉眠。

「現在可以回家了，她會沒事的。」當我稍微動身時，助產士這麼說道。「她們兩個都會沒事的。」

我們是在下午去醫院的，離開時卻已經是隔日清晨五點半，太陽正從天際緩緩升起。我開車穿過空蕩的街道時，看見光芒在城市中展開。我以為只有路的一側下過雨，沒料到卻是洗街車正在沖刷路面。我意識到自己無法好好思考，將簡單的事實拼湊在一起，於是放緩車速，生怕撞車。

回家後，我坐在位於福溪附近的小公寓中——我們的孩子很快就會在床邊地板上的櫃子抽屜裡酣睡著。我盯著窗外良久，過了一陣子後，才陸續打給家人和朋友。我迫不及待，等不及他們醒來，說真的，誰會在這麼重要的一天睡覺呢？我開始在六點半打電話，那天早晨叫醒了不少人。

「嗨，瑪姬昨晚生了個女孩。她很好，寶寶也很漂亮。」我說。

男人們向我祝賀，好似我真的做了什麼了不起的事。女人們則問了些我回答不出的問題，像是產程時長、助產士有何囑咐、嬰兒的健康狀況，以及確切的出生體重。我支支吾吾地將問題搪塞過去，因為整件事依然模糊不清。我唯一清楚知道的只有性別，以及名字——「艾瑪。」我說。

一日過後，我和瑪姬走出醫院。她讓我抱著艾瑪，她還很小，緊緊裹在襁褓中。自動門滑開時，我猶豫了。心想肯定會有官員攔住我，質問我知不知道自己在幹嘛：參與父親培訓課程了嗎？知道怎麼抱嬰兒了嗎？要如何餵養嬰兒？要如何替換尿布？知道嬰兒哭的時候該怎麼做嗎？

除了書本上的知識，其餘我一概不知。沒有人攔住我們。瑪姬對我展露笑容，指了指門，於是我們便走出門外——我們三人一起。

我們將艾瑪安置在汽車座椅上，瑪姬一路陪伴在側。我們走進屋內時，一切感覺都不一樣了。感覺外頭的世界不復存在，彷彿宇宙中的所有行星都圍繞著我們懷裡的小小光點運轉。

幾天後，我去了趟公司的人力資源部索取自己的人事資料表，在上頭添增另一位家人。我首次使用「父親」這個字眼來形容自己，以「女兒」來指稱艾瑪。我以前曾未在填寫表格時感到如此快樂。現在一切皆就緒，名分有了官方的認可——我成為艾瑪的爸爸。勾選表上的方框時，我微微一笑。

一周後，房東看見瑪姬站在門廊上，懷裡抱著艾瑪。

「那是誰？」他問。

「我們的孩子。」

「這裡的公寓僅限成人入住。」他說。「你們得搬走了。」

那晚在餐桌前，我們討論著是否要出庭反對房東蠻橫的決定。

「我們可能會贏。」我說。「但我們還有精力這麼做嗎？我們現在還忍受得了這樣的困擾嗎？」

「不用了。」瑪姬抱著艾瑪說道。「是時候擁有我們自己的家了。」

於是，我們開始四處尋找，幾周後便發現一棟有兩間臥室、經歷八十年歲月的屋子。

屋子坐落在一片大樹下，對面是一座小公園，裡頭設有一座籃球場，少年們常在那兒打球到天黑，球框的撞擊聲總伴隨著他們的歡笑響起。一所小學就坐落在幾個街區之外。

——

自我們第一個孩子出生的那刻起，瑪姬便出於本能地將她抱入懷中，如同樹枝擁抱著鳥巢般自然。我花了些時間才學會如何自信地抱著孩子，不會再害怕抱太緊，或是抱得太鬆而讓她掉下來。

我深吸一口氣，將艾瑪抱到胸前，不敢輕舉妄動。我幾乎感覺不到一點重量，輕如羽毛；艾瑪白皙、蓬鬆的臉顯得安詳平靜，她閉著雙眼，細小的睫毛朝向我翹起。幾分鐘後，我將她交還給瑪姬，還是難以置信瑪姬孕育了一個新的生命，並且深知該怎麼呵護如此脆弱的存在。

漸漸地，我抱著艾瑪時變得更加自在。我會將她抱在胸前一起散步，或是放在腿上看著電視轉播的曲棍球比賽。很快地，她似乎成為了我的一部分；當我在閱讀日報或漫步於鱒魚湖畔——距離我們在溫哥華東區的新家只有幾座街區——她便枕在我的胸前，傾聽我的心跳。她睡得如此香甜，就像我們緊緊擁抱彼此那般，沉浸於愛的溫柔。

她的第一張床放在櫃子的抽屜裡，上頭鋪著一塊羊皮地毯。我們將其放在床邊的地板上，我會在夜晚醒來，俯身傾聽她的呼吸，以確保她還在身邊。艾瑪醒來時，瑪姬會將她抱起來餵奶，讓她躺臥在一片溫暖之中。

——

艾瑪生於春天，在那年夏季第一次去了露營，總是睜大著藍色的雙眼凝視天空。那次的露營地點位在島湖，我們當時開車沿著小路前去參與家庭聚會。距離主要公路——歐肯納根連接道路——依著從梅里特到桃林鎮的山脈建造而成還相隔幾年的時間，我們沿著古老的伐木道路穿過松樹林，空氣中充滿針葉、樹皮和松脂的氣味。遇到顛簸的路段時，瑪姬都會回頭確保艾瑪有安全坐在嬰兒座椅上。

在一段又長又泥濘的坡道上，我看向後視鏡，見到卡車留下凹凸不平的軌跡，大片林地在身後綿延，陰影流竄在無盡的綠樹之間，我意識到自己已經將家人帶進了荒野。如果此刻陷入困境，不是只有我和瑪姬得面對徒步的問題，艾瑪也會受到連累。她在後方的座椅上牙牙學語，對此刻的處境一無所知。艾瑪完全依賴於我的決定，重擔在那一刻落在了我身上。

我首次見到胎兒的超音波照時，才意識到自己即將成為父親。那張粗略的圖像顯示出一個嬰兒蜷縮在瑪姬的子宮內，讓我明白了那時還只是模糊抽象的事情：一個獨立的生命即將與我們結合。然而，成為父親和學習做父親，就像學習釣魚和學習飛釣，是截然不同的兩件事。一種僅僅是物理上的——舉起釣竿並扔出魚線——另一種則是直覺性的，歸屬於形而上學的領域。它會在心中覺醒，使人明白有更重大的事情正在進展，而自己可以成為其中的一部分。接著，光明來臨。正是在那寂寞、滿是淤泥的伐木道路上，我發現自己的生命不再是一條獨存的線，我現在所做的一切都會牽引著女兒，對她產生影響。瑪姬和我已經編織成結，與艾瑪交織在一起，無法分離。

就在這時，卡車在泥地中蜿蜒而行，路肩狹窄，坡度險惡，周圍的森林一望無垠。我在過去都會忽視打滑的風險，直踩油門，向上坡加速，讓鬆軟潮濕的泥土隨著車輪的轉動而翻起。但我知道，要是滑出路面並陷入泥潭，便無法在天黑前徒步到最近的公路。我可以隨便睡在倒木之下過夜，等待破曉降臨再重新出發。不過，這種不幸的意外對於嬰兒和新手母親來說，是極其艱困且危險的。

我害怕這種可能性，於是降檔，放慢油門，尋找堅實的地面。卡車在泥淖路上艱難前行，我試著感應四個車輪在淤泥中的位置。我不斷輕踩油門，保持足夠的速度穿過斜坡，卻又不至於打滑。我維持動力，放緩卡車的速度，同時探索著出路。慢慢地，我們爬上山路並登上丘頂，來到乾燥的地面上。我的呼吸回歸平穩的節奏。在身後的泥濘中，我看見曲折的輪胎痕跡，以及無邊無際的森林。

隨後，我們找到了通向天堂湖的路，並接著進入前往島湖的小徑。我們在荒無人煙的湖畔搭起藍色帳篷，划著獨木舟行過靜止的水面——艾瑪早期的時光都是在獨木舟上度過的。我們為艾瑪套上小型的黃色救生衣，安置在紅檜木板之間的柔軟毯子上，讓她仰望這嶄新的美麗世界。

鱒魚在湖中盤旋，游到閃亮的水面捕捉石蛾的幼蟲。這在其他時候會相當吸引我，但那日我並未釣魚，我無法將注意力從宛如搖籃的獨木舟上移開。於是，我們漂過鄰近岸邊的睡蓮葉，聆聽蜻蜓在身旁嗡嗡作響。一頭受驚的鹿聞到了我們的氣息，一躍穿過灌木叢，猛地跑向遠處，其飛奔的腳步聲隨著每次的跳躍漸漸轉弱。

那晚，我們躺在帳篷裡，艾瑪臥在兩人中間，遠離風雨的夜空萬里無雲，我們透過透明的篷頂凝望星座的淡淡微光。流星偶爾劃過天際，留下斷斷續續的銀痕。宇宙的微小碎片在地球的大氣層中燃燒、生輝。遠方的郊狼發出嚎叫，牠們的呼喚從森林中升起，後又消失於黑暗中。回想起來，將如此年幼的嬰兒帶到野外，似乎是種冒險的行為。然而，我們當時並不這麼認為，因為那時才剛開始有著艾瑪的生活。我們帶上她到各處旅行，於季節的輪轉間探索世界。

——

在進到醫院迎接艾瑪出生的四年後，我再次穿過同一座停車場，瑪姬在一旁緩慢移動著。「我們在這附近走走吧。」她說，接著卻停下腳步。「不行，該進去了。現在就進去。」來到產房，我再次感到愚蠢的無助和緊張，面臨著危機即將到來的處境。一小時後，新生兒誕生了。她閃亮的小腦袋冒了出來，但臉色發青，呼吸困難。

她停止了動作。慢慢朝向生命邁進時，臍帶卻繞在她的脖子上，猶如陷阱般緊勒著。醫療團隊緊急湧入房間，圍在瑪姬周圍，將我推至一旁。他們以嫻熟的效率行動，我則呆愣在原地，不知所措。嬰兒的臍帶剪斷後，終於擺脫了束縛，卻也沒了呼吸，懸於生死之間。

「現在用力推，」助產士平靜地說，「用盡全力推。」

就這樣，嬰兒滑入伸出的手中，並被立刻帶走。醫生事後才告訴我們，那一刻有多麼危急。

「如果我那時候癱軟無力，而她在臍帶剪斷後被卡住，我真不知道會發生什麼事。」瑪姬說。

無論分娩有多麼自然，每一次的生產都是一場奇蹟，令人驚嘆無比。在過去的時代，嬰兒很有可能已經氣絕，母親亦然。在她失去呼吸後的片刻，終於哭嚎了出來。她抓住了生命——從黑暗中奮力游出，與我們相會，並放聲哭喊著。克萊爾便如此降臨於世。

於是，我成了兩名女孩的父親，每個都是完美的，透過古老的生物過程來到世上。在這過程中，生與死之間只有一聲喘息的距離。先有了一顆心，再來經歷尖喊、淚水和痛楚——何等地殘酷，使女人死死咬住床欄不放——之後，有了兩顆心。在兩個女兒的生產中，我每次都頭昏目眩，雙手顫抖，得支撐在牆上。

克萊爾被緊急帶走後不久又安全地回來。她很乾淨，裹得嚴實，青色的皮膚現在顯得粉紅，脖子留有臍帶勒住的痕跡。瑪姬將她抱入懷中，淺淺微笑，低頭看著那張皺巴巴的小臉，握住她的小手。

「真是一個完美的寶貝女孩。」她說。

「是兩個。」我說。

——

我聞著孩子們的味道，用鼻子輕輕摩擦她們的臉頰，埋首於她們稚嫩脖子的曲線裡；我親吻她們的頭頂，撫摸她們的頭髮——如蒲公英一般柔軟。起初，我都會擔心孩子太過脆弱，將她們抱在懷中，生怕將她們摔傷。她們緊緊依偎著我，把頭靠在我的肩上而沉入夢鄉。隨著女兒們慢慢成長，她們會伸手向我索取擁抱，我很高興能帶她們前去任何地方，即便她們長大到使我背疼亦是如此。她們成長得這般快速，時光彷彿以令人眼花撩亂的速度飛跨年月。從帶著她們於各處漫遊，到教會她們幫我搭建帳篷，似乎只在一夏之間。一日，我扶著她們學步，她們隔日便沿著池塘追逐蝌蚪，我則追在她們身後跑。一日，我們學著《一閃一閃亮晶晶》的歌詞，隔日仰躺望向夜空時，她們便開始問起星星來自何處，宇宙有多浩瀚。我驚嘆於她們無窮的好奇心、充沛的活力、對大自然的熱愛，以及和我一起參與任何戶外活動的渴望。我們划船、遠足、釣魚，共同塑造不斷變化的身分。

得澄清一點：母親和孩子的紐帶是在出生時便形成的，這種連結超越了父親所能經歷的一切。一個男人能做的，即是成為第二支柱——扶持、無條件地愛，以及陪伴。母親給予生命，父親則給予支持。當我做對時，就能感受到孩子們的信心增長，這同時也讓我變得更加堅強。

「你得像泳池的側邊一樣。」瑪姬的朋友洛里說道，她有兩名比我們的女兒還大一點的男孩。「她們需要抓住時，就陪伴在身旁。她們想要獨自游泳時，就會自己游走。」

我傾聽，並盡所能遵從這些建議。不過，我認為以封閉的泳池比喻是有瑕疵的，因為流水終會溢出，而她們終有一天溜過矮牆，游向遠方的河川。

在此之前，我會嘗試教導她們解讀流水，並理解自然世界——在這過程中，我也會更加瞭解自己。

復活節的祝福

Easter Blessing

通往河邊的小徑穿越一座森林，昨夜的雨從樹冠低落而下。冬季的洪水在幾個月前氾濫，夷平了灌叢，留下鮭魚的殘骸。牠們本該呈銀色和綠色的皮膚，如今顯得灰暗，懸掛在低矮的樹枝上。此地令人著迷且寂靜，只有流水的聲響，一滴一滴地從樹梢流向濕透的林地。穿過群樹，前方的河面閃爍美好的允諾。我的靴子無聲地踩在苔蘚上，山獅可能會悄悄潛伏於此。在溫哥華島上獨自釣魚可能並不安全，那裡的山獅數量比起世上其他地方都來得多，但這有時也是件好事；使你更接近森林，更接近自己。

我一邊走著，一邊想著生命中的美好、孩子們所帶來的豐足，但也思索著黑暗。我越加意識到自己的生命有限，對死亡的恐懼隨著孩子誕生而浮現。接受父親的身分，意味著承認活著是這般事關重大——不是為了自己而活，而是為了自身對他人的責任和重要性而活。除此之外，還有其他事物潛藏於其中：一種難以抹滅、更加遙遠、深不可測的絕望，時而如潮水般消長，我的血液彷彿受月亮所牽引。豪威爾・雷恩斯（Howell Raines）在《以飛釣穿越中年危機》（*Fly Fishing Through the Midlife Crisis*）一書中提及，憂鬱如同一隻黑狗，時常尾隨著他。我更願將自己的憂鬱視為一頭狼，跟著我的腳步穿過森林，想現身就會顯露面目。

周圍的樹林裡，渡鴉在深綠的樹塔之上呼喚著。我抬頭仰望，最高的樹枝纏繞在柔軟的灰濛霧氣中，猶如一條被大海拋向內陸的破舊毯子。前方的小徑上，一個聳著肩的身影轉向我。一隻大鵰鴞笨拙地站在地面上，無聲的羽翼失去了動力，牠轉動頭部並將我置於視野之內。接著，牠便慢慢轉過身，以黃色雙眼瞄準棲息於附近的兩隻渡鴉。

「看看那邊。」牠似乎在對我這麼說。

那是一隻年輕的貓頭鷹，不習慣暴力，被渡鴉們趕到地上，受到激怒而一動也不動。渡鴉們則等待著機會殺死貓頭鷹。黑色在森林中是完美的偽裝，牠們看起來就像等著降臨的陰影。渡鴉低頭看向我，謀算著一場殺戮。我朝灌叢扔了一塊石頭，牠們飛起，憤怒地發出啄響，拍打著漆黑的長袍，移往雪松的更高處。貓頭鷹抓住機會，展開翅膀並沉重地拍動，飛躍蕨類植物，掠過樹枝下方。夜幕聾罩時，牠便能重歸自由，因為貓頭鷹在黑暗中較容易飛行，而渡鴉則不然。這即是自然之道。

我徘徊於察布爾河畔，不是在觀鳥，而是在尋找罕見的東西：復活節周末的硬頭鱒。這條河在那時仍然開放釣獲放流，但第二年時，如同溫哥華島上的眾多河流，此處也開始禁止釣魚，因為硬頭鱒的數量已經急遽下降至瀕危的程度。在著名的金河中——羅德里克．海格—布朗與其友人，以及我的朋友范．伊根（Van Egan）都曾於此處釣過魚——冬季的魚群已徹底消失。我能感覺到崩潰即將來臨；也許自我在蘇克的小溪邊，見到老人打開汽車的後車廂，展示那對完美但已死去的硬頭鱒時，便意識到這股浪潮不可避免的。他殺死了一對生命，只因為自己有能力這麼做——也因為他和許多人一樣，盲目而看不見未來。

我知道在察布爾河畔遇見硬頭鱒的機會渺茫。魚群在山谷中的缺席令我擔憂；這份不安彷彿懸在空中，如遠火冒出的煙霧。不過，我還是試著尋找，獨自釣著魚，默默在心中祈禱。我將年幼的女兒留在家裡，因為釣捕硬頭鱒是份嚴肅的工作，需要高度的技巧，並全神貫注於其中。得在數英里的水域中尋找魚的蹤影、拋投、從一處涉水到另一處，而分別為八歲和四歲的女孩們還太小，無法勝任這些工作。她們會很難跟上釣魚的節奏，我也不想冒著風險帶上她們闖入山獅遊蕩的森林。

艾瑪正慢慢養出足夠的耐力，快有資質可以加入我的行列。她參與了足球活動，在混合聯賽中與男孩們對打。我意識到她在精神與身體上，都變得越加堅強。艾瑪每天放學後都會主動練習，我在街道對面將球踢向公園，她則追著球攔截。下雨時，她也會一個人出門練習，我則站在客廳的窗戶前，看著她將身上濺滿泥巴。克萊爾對體育不那麼感興趣，她也在以自己的方式成長，更喜歡和母親待在廚房。但是，我知道還需要幾年的時間，才能帶她們其中一人前去釣捕硬頭鱒。那日，我漫步在察布爾河邊，開始擔心女兒準備好時，魚群可能已消失無蹤——不僅限於這條河流，而是我所有認識的河流，可能都會走上這般絕路。

或許，我那時也已經離開了。近年來，有幾位老友相繼去世，其中兩人死於突發性的心臟衰竭；這提醒了我生命的轉瞬即逝，自己終將一死的想法始終糾纏著我。儘管如此，我還是不該急於讓女兒們學習飛釣。首先，我必須找到一條適合學習的富饒小溪、一個可以在行走間探索知識的地方——但也會在那裡感受到釣線被鱒魚緊緊牽動，而發現自己的努力得到了回報。我渴望找到像朋提克頓溪的地方，讓她們和我一樣體驗到飛釣的魔力。然而，我還在尋找著那般的水域，而察布爾河顯然不是個選項，因為它已失去了所有的硬頭鱒。

與此同時，我正激勵著女兒們。幾天前，我們一起坐在碼頭上，以小塊的蛤蜊充當誘餌，用手線來捕魚。水下，魚兒圍繞鉤子游動，並咬住釣餌。女兒們趴在碼頭邊上，手肘撐地，目不轉睛地看著陽光下閃爍的魚兒，每當有海鯽上鉤時便會拉起釣線。

「現在拉，妳就能抓到牠了。」克萊爾的釣鉤沒入魚嘴時，艾瑪說道。克萊爾站起身，將舞動的小魚舉起，一向認真對待姊姊角色的艾瑪接住魚線，將其引至裝滿海水的紅色桶子中。

「就是這樣。」魚掙脫束縛時，她這麼說道。牠落入桶子中，困惑地四處亂竄。很快地，女孩們捉到了四條魚，全都閃著明亮的銀色，兩側有黃色的條紋。

「這是一種海鯽科的魚類，叫作灰海鰂。」我說。

「牠們會咬我嗎？」艾瑪問，我回答不會，她便輕輕將手放入桶中，雖然信任我，但也想親自確認事實。克萊爾也將手指放入，微笑看著魚兒輕輕撞擊自己的手。她們觀察著魚在桶中游動，幾分鐘後再歡呼著將牠們放回海裡。我心想，先從小魚開始著手，灰海鰂，然後是鱒魚，再來是鮭魚。硬頭鱒——我希望——則留到最後，那將會是最終的目標。

—

獨自穿越森林總會有一種特別的感受。對大自然的感知受到增強，踏出的每一步似乎都揭示了新的奇蹟——從樹葉流淌而下的斑斕晴光；蛞蝓閃閃發亮的足跡；蕨類植物的尖葉像嬰兒的嫩手般緊緊捲曲。無人能使我分心，我默默穿越樹林，其美麗的景色如大雨傾瀉而下。我並不會歌唱，也不會為了警告熊或美洲獅而刻意喊叫，更不會帶著恐懼前行；我只是靜靜穿梭於樹叢，輕輕推開沙龍白珠樹，並躲過北美刺人參。

查爾斯・布蘭特神父（Father Charles Brandt）在他的冥想書《自我與環境》（*Self and Environment*）中寫道，人若意識到自己的沉默，便是不夠沉默。這是一種值得努力達成的境界。他是牡蠣河畔的隱士，在那裡沉思自然、飛釣，並接近上帝。我穿過樹林時，全然忘卻保持安靜的嘗試——我成為了一切，一切成為了我。我聽見前方的河川流過樹林的聲響。這條河融於溫哥華島山脈的冰雪，流向喬治亞海峽，一路潺潺低語著。它講述了森林的故事，召喚出海的魚群返家，為鮭魚和硬頭鱒開闢通往山脈的道路。

這座森林大部分為次生林，但也有幾棵經歷六百年光陰的雪松，長得比其他樹都來得高大。這些大樹之所以能夠倖存，都是因為它們生長在難以伐木的地勢、溝壑或陡坡上，也有可能是伐木工在輪班交接時忽略了。無論出於何種原因，伐木工在七十五年前闖進這裡時，將這些樹木留在了河邊的低窪地。它們當初只是異類，如今卻高高超越樹群，俯瞰著整片森林之海。

我駐足觀看。其中一些雪松碩大無比，默默矗立於林間數幾世紀，無需任何沉默的教導。我將手掌至於樹木上，其樹皮猶如時間層層堆疊而成。我能感覺到根部在腳下的大地中延伸，從土壤中汲取礦物質，從鮭魚分解的屍體中吸收氮和磷，並將其傳遞到樹冠。高高在上的樹頂抓住了一片雲彩。密林後方，隱約聳立著覆蓋春雪的山峰，氣溫在較低的山谷中更加暖和，雨水滋潤著翠綠的植被。古老、粗壯的美洲黑楊依著河岸生長，因其軟木對伐木工來說毫無價值而逃過一劫。

森林的地面鋪滿蕨類植物，水珠沿著葉尖滴落在我的涉水裝上，感覺就像自己正在涉水穿過森林，而被大自然塗上顏料一般。我走出樹林，洗淨了身子，踏入深及膝蓋的清澈河水中。我停下腳步，將一隻「黑醫生」栓在釣線上。那是個大西洋鮭的飛釣擬餌，我在去年秋天於溫哥華島外的海洋捕獲一條銀鮭，牠的利牙將擬餌咬得傷痕累累。這並不是專門為太平洋鮭而設計的釣餌，也顯然不是硬頭鱒會喜歡的類型——不過，我欣賞它優雅的形狀，其頂部飾有金雞羽毛；它的身體以銀線與檸檬色、黑色線條纏繞而成，整體的美感令我著迷。我那天打開釣餌盒時，它似乎試圖跳躍出來。我將之放於掌上思考片刻。感覺對了。

「今天會是美好的一天。」我說，「黑醫生」彷彿也贊同。以結緊繫，將單絲魚線滑過鉤眼，把線轉回自身，並在含入嘴中濕潤——以減輕拉緊時的摩擦——感覺鉤刺緊貼著唇。

那年，我和鮑伯．瓊斯（Bob Jones）——他是一位飛釣者、藝術評論家與戶外作家，曾住在附近的考特尼——交談時，他告訴我，察布爾河的魚群會遲來，若在復活節去到那裡，應該會發現魚兒躲在頁岩懸崖下方的一座大池潭中。

「那裡沒有變的話，通常都是這樣的。不過，真的變了蠻多的。」鮑伯說道。我們見面不久後，他便離開人世，成為河流再也見不到的老釣友。我想念鮑伯，心裡總惦記著他關於寫作和釣魚的建議。前往河邊尋找他所提及的水池，是一種致敬和緬懷的方式。

我找到了他說要攀爬過去的崎嶇峭壁，但小徑直通而上，路上盤繞交錯的樹根。我並未走上他所建議的艱難路徑，而是選擇過河，踏上深處的斑駁石子。河水竄至膝蓋、臀部、胸部，壓迫住下肋骨，使肺部和心臟難以承受。若腳下的石頭一動，我便會被強勁的流水沖走。所幸，河床堅固，水位隨著我朝遠岸邁出的每一步穩穩下降，水逐漸從我的身上流淌下來。我成功渡過了河流。

我在上游找到鮑伯所說的深潭。那裡的水流似乎太慢，無法容納硬頭鱒，但我還是拋入「黑醫生」試圖尋找魚的蹤影。一如既往，再往更上游走或許會更好，所以我收起魚線，繼續前進。

我一再渡河，涉過淺灘，在落入河裡的樹幹之下，以及長滿青苔的巨石身後，尋找藏躲起來的游魚。我身處於河流中，卻看起來像在森林裡釣魚。此地在往日曾經富饒，充滿生機，但我在解讀流水時，卻意識到希望已經微乎其微。我發現自己正在尋找著遺落的存在——面臨滅絕的物種。我想起兒時碰見的那位老釣客，他在闔上汽車的後車廂時，硬頭鱒也就此消逝於黑暗。

在上游大約一英里處，我涉水經過一棵倒臥在河中的樹木，在其陰影下發現一條雌性的硬頭鱒正試著藏起自己的身影，一動也不動。牠的尾巴如餐盤一般大，半透明且有斑點，彷彿海潮般強壯。我差點就能徒手抓住牠，但牠感應到了我的動靜，快速搖動了兩下尾巴逃離，融入翠綠色的流水中。

我為何不爬上岸邊的樹，並輕輕地往下垂釣呢？水流會將我的釣餌帶到那片陰暗之中，漂到魚的面前——牠就會因此而上鉤。相反地，我一個踉蹌，差點踩到了魚，讓牠嚇得逃命。

之後，我試著專注，希望能找到另一條硬頭鱒，但探索過幾處的池潭後，注意力又不禁開始游離，從河流轉移到樹木，轉移到瞬息萬變的天空，轉移到周遭的一切。在沙洲上，我於柔軟的細沙中發現熊的足跡。在溪畔，我拾起一隻蜷縮在岩石上的粗皮漬螈，如枯葉般棕褐。我將其翻過身，看見牠的肚腹呈螢光橘。這隻溫馴的小漬螈藉由在皮膚上分泌強效的神經毒素來保護自己。這般明亮的顏色就是對掠食者的最終警告，如同在昏暗森林中閃爍的警示燈。我坐在一塊岩石上，漬螈則在一旁，毫無逃亡之意。我將其放於膝上，牠抬起頭來，捲起頭部和尾巴，一閃橙色的告誡。那時正值春季，這隻小漬螈正在尋找著能夠繁殖的池子。整座森林中的其他漬螈也會隨著季節到來而遷移，並在一個涼爽的春日相遇。我思忖著，那條孤獨的硬頭鱒是否會找到伴侶。或許前方的水池中，還滯留著一小群魚兒。

我向上游移動，到達一座彎處，察布爾河在那兒蜿蜒流向新的河道，留下一條曲折爬過樹林的乾枯河床。沿著小徑走下，我發現一座藍綠色的池子，猶如一塊寶石坐落在一片受到雨水洗禮的礫石之中。我深深著迷於眼前的美景，直到微風吹拂，樹葉舞動，水珠潸然落下，滴在我仰起的臉上，將我從如夢般的美好中喚醒。舊河道引導我回到主河道，那裡的樹木被冬季洪水連根拔起。我盡力在倒木下釣魚，腦海中不斷想著那條錯過的硬頭鱒，以及其巨大的半透明尾巴，就在我無法觸及的所在擺動著。然而，水中空無一物。

我來到一個地方，看見紅色的塑膠標籤掛在樹枝上，一條寬闊的道路硬生生劃過森林。起初，我擔心這會是新公路的一部分（拜託，不要在這裡設置匝道），但讀了標籤上的文字後，發現那是裝設天然氣管道的標誌。或許，這算是較輕微的危害。

我在上方看見察布爾河轉向陡峭的山坡，山體則向下彎伸並捕捉底下的陰影，使河流看起來就像從深淵中湧出來一般。我想往上走，探索不在鮑伯描述中的地方，但天色已晚。於是，我轉過身，停下來吃午餐，看著狼的足跡跟著鹿的腳印穿過沙洲，刻畫出宛若舞蹈的圖像——雙人舞漫步、西岸搖擺舞、狐步舞，從前一晚開始這場殘酷的表演，不過並未留下血跡，所以舞蹈的結局並不太糟。沙洲的邊緣印有圓形、沉重的足印：一頭美洲獅與我同在。我摸了摸腰帶上的刀，繼續前行。

我將「黑醫生」取下，繫上「黑與藍」，那是范．伊根打造的魚餌。他是一位住在坎貝爾河畔的朋友、詩人和作家，與其妻子麥辛經常陪同鄰居羅德里克．海格－布朗前去釣魚。他們都對硬頭鱒懷有敬畏之心。我最後一次拜訪范．伊根時，我們坐在他的家中，望著坎貝爾河潺潺流經後院，並談論寫作與釣魚。他喝著蘇格蘭威士忌，說想為我綁上一隻硬頭鱒釣餌，但因擔心年邁的雙手總是顫抖不止而做不好。他告訴我心中所想的款式——「黑與藍」——我後來便自己繫上。即便他所建議的飛釣擬餌，無法從察布爾河深處召喚游魚，但它是個很好的陪伴，感覺范．伊根就在身邊，為河流而感到驚嘆，卻也會逝去的一切悲傷不已。

想起那些已經離世的老朋友們，我沉思自己的生命——我們是如此脆弱、如此短暫，在大自然中擁有的時間是如此之少。我想起自己兩個年幼的女兒，她們在家裡和母親一起玩耍，一陣陰影掠過我。我差點在一次車禍中喪命，也差點在釣魚時從懸崖上跌落，甚至被熊或美洲獅跟蹤過，誰知道什麼時候會心臟衰竭，什麼時候又會患上其他疾病呢？

我等著這般瞬息的絕望過去，然後涉水走到先前驚動硬頭鱒的地點附近。小心翼翼地往可能藏身的地方拋投十幾次後，我將釣餌投入枯木之下，希望能將魚趕出來陰影。我想再見到牠，確認牠存在的奇蹟，就算只是一閃而過、一道水下的陰影。即便如此，牠依然不在那裡。這使我心灰意冷，並非出於自己沒有捕獲到牠，而是因為硬頭鱒現今已如此罕見，儘管終於見到了一條現身，也會在頃刻間消逝，恍如一場不真實的幻夢。這就像發現一隻稀有的鳥類——象牙喙啄木鳥——而人們便將其稱呼為「天主鳥」；我意識到硬頭鱒也有可能落得此等的下場。自一九三五年以來，無人再見過象牙喙啄木鳥的蹤跡，該物種就此被標記為滅絕，但絕望的觀鳥人卻依然懷抱最後一絲希望，祈禱著這種鳥類能夠繼續繁衍下去。

我收起魚線。這是一場漫長的徒步之旅，沒有捕到任何魚，但依舊是個美好的一天，遲來的太陽也從烏雲後方悄悄升起。這場旅行並不浪費時間，因為我拯救了一隻貓頭鷹，漫步在羅德里克・海格—布朗、范・伊根、鮑伯・瓊斯和布蘭特神父曾經釣過魚的地方。我想，已然滿足。

—

我獨自在察布爾河畔釣魚的第二日正是復活節。早晨，艾瑪和克萊爾在花園裡尋找巧克力蛋，翻動樹葉，爬過灌叢，探索樹枝的交叉處，並滿載而歸。艾瑪一向務實且講求精確，開始清算她們收集的蛋，以確保沒有一顆是漏掉的。接著，克萊爾——永遠對魔法樂此不疲——央求我再次將復活節蛋藏起來。之後，我帶她們到溪邊，原以為能夠找到一兩條鱒魚，未料到水裡空蕩，毫無生機，所以我們用樹枝搭建了幾艘小船，目視它們隨著水流漂走。

「船會去到哪裡？」克萊爾問道。
「去到外海。」艾瑪回答，以成熟的方式思考著邏輯問題。
「就像貓頭鷹和小貓咪在一艘碗豆綠船上。」克萊爾說，將姊姊拉到童年魔幻寫實的世界裡。
「他們航行了一年零一天，到鐺鐺樹生長的地方。」艾瑪背誦出愛德華．利爾（Edward Lear）的詩句。
「他們拿了一些蜂蜜，還有很多錢，然後貓頭鷹和小貓咪結婚了。」克萊爾回道，他們兩人都笑了起來。
後來，我們穿過樹林，尋找我所知道的隱密池子。我們找到了它，在森林裡閃耀著，周圍的柳樹生長密集。
「看看水裡。」女孩們看向樹枝之外時，我說道。
「蠑螈！」艾瑪驚呼。她總是在散步或遠足時，問及動植物的正確名稱。
牠們就在眼前，數十隻藏身於岸邊的草叢，漂浮於水面下，黑色的雙目朝著我們眨眨眼。牠們將身體往下拖並潛入水中，就像孩子躲在棉被底下一樣。蠑螈正慢慢聚集，前來這座繁殖水池。

「粗皮漬螈。」我說。「昨天在河邊也找到一模一樣的。牠們通常不會聚集在一起。」

女孩們一步一步往前走。克萊爾——始終相信野生動物的良善本性——首先將其捧在手中，艾瑪則緊跟在後。蠑螈在她們的掌中蜷縮，仰頭，沉思，無所畏懼，充滿好奇。放手後，牠們回到清澈的水中，輕柔地起伏游動著，彷彿在舞動般。

女孩們沒有鱒魚，我則沒有硬頭鱒，但在這座小池塘裡，我們見證了大自然的復甦，因此這依然是個復活節的祝福。

河水流向之處

Where the River Leads

時逢英屬哥倫比亞內陸的乾旱夏至，那裡的大片森林橫跨乾枯的山脈，飽受多年的野火與伐木所蹂躪。我在鄰近鮭魚灣的一間農舍中醒來，此處是瑪姬的父母退休後所居住的老屋子，受到果園和田野所懷抱。唐，曾於二戰期間的加拿大軍隊服役，在德國戰線擔任工程師，戰後轉而經營造紙廠；諾拉，開朗且務實的女人，一手將七個孩子撫養長大。我們有幸能將唐和諾拉這座農場當成遠離城市的避風港，對大自然充滿好奇的艾瑪和克萊爾也很喜歡來訪。農場裡有一座大花園，女孩們會在那裡幫忙奶奶摘採蔬菜，爺爺則會帶著她們開拖拉機，讓她們站在他的膝蓋上，用小手緊緊握住震動的方向盤。

我和瑪姬躺在床上，聽見啄木鳥在花園的竿子上敲啄。女孩們睡在地上的床鋪，我看過去時，發現她們都醒著聆聽外頭的聲響，對彼此低聲耳語。

「那是隻鳥。」我說。「就像農場的鬧鐘。」不一會兒，女孩們便起床下樓到廚房，諾拉為她們端上燕麥粥後，便帶上她們出去採集新鮮的覆盆子。瑪姬笑了笑，翻身繼續睡覺，而我則起床，去到水邊漫步，讓自己的思緒好好沉澱。對女孩們來說，農場是個忙碌的地方；她們喜歡跟在爺爺奶奶的身後，樂意幫忙做所有的工作，而爺爺奶奶也從來不覺得她們是個累贅，很享受孫女們的陪伴。

對瑪姬和我而言，這給了我們在城市的繁忙生活中，一個喘息與充電的機會。我們得錯開新聞編輯室的工作排程，當女兒們不在日托中心或學校時，才能有其中一個人留在家看照。我很幸運能有一份自己喜歡的新聞工作，但自孩子們進入我的生活後，我更加認為工作占用到自己和她們相處的時間。我的父親全心投入於事業，經常深夜才回到家，或甚至不回家。我不想走上這條路。我很清楚，在人生的最後回顧過往時，工作的價值並不會如此重要，而孩子們卻意味著一切。我得忙著為艾瑪和克萊爾做早餐、前往辦公室前擦去領帶上的食物殘渣、下班後即時趕回家看鋼琴演奏會，或觀賞她們在學校的戲劇表演，以及盡力回答她們提出的所有問題（我們為什麼有錢？鳥為什麼會飛？星星是由什麼構成的？上帝又是誰？），空閒時間幾乎所剩無幾。生活快速流動，孩子們也迅速成長，我不想錯過任何一刻，但自己有時真的需要溜到水邊，以尋求短暫的寧靜，以及沉思。

早餐時，我告訴女孩們自己要去探索附近的小溪，看看那裡是否適合帶上她們釣魚。

她們並未反對，因為知道我每次從水邊回來時，心情都十分愉悅。反正她們也已經決定好當天的計畫了。

「爺爺說我可以幫忙收集蜂蜜。」艾瑪說道。蜜蜂成群圍繞在她頭上的網罩時，她會毫無畏懼地站在蜂箱旁邊。「我們還可以餵牛。」克萊爾說。她知道鄰居家的牛隻——牠們濕潤的鼻子又大又軟——會來到柵欄邊，從她手中接過青草或甜蘋果。這些活動都是如此簡單、日常，對於城市裡的孩子來說，農場生活充滿了純粹的樂趣。我記得自己的童年圍繞在大自然中，飼養野鴨、收集雞蛋。女孩們不會像我小時候那樣在森林裡打獵，但奶奶會帶她們到樹林裡散步，讓她們自由奔跑，狗兒則在身邊跳躍著。她們會見到兔子，也許還有飛鼠。後來，在學校的美術課上，她們畫了樹木、動物、流水與游魚，皆是一片美好的湛藍與翠綠。

——

女孩們和爺爺奶奶一起採花與番茄時，我將釣具裝進卡車，前往一條從未釣過魚的小溪尋找鱒魚。那條小溪依著農場附近的山谷流下。唐年輕時曾在那兒釣魚和打獵，家裡至今還存放著一排獵槍、裝滿狗魚魚餌的破舊釣具箱，以及一組老舊的拋線竿和線輪。不過，他退休後便放棄了這些活動，對當地的釣魚場域一無所知。

我曾多次在公路橋上跨越鮭魚灣，認為這裡可能適合女孩們釣魚。然而，我不太確定情況為何，因為它流經開闊的田地，大部分的水面皆無遮陰，在這炎熱的夏季中可能會毫無生機。我認識的飛釣者中無人提及過鮭魚河，這或許意味著它也是遭受破壞的流域。無論如何，我會親自去看看。

我沿著山谷行駛，沒有孩子們在後座歡笑和爭執，車內感覺空蕩蕩的，十分安靜。但獨自釣魚並不孤單，就像在教堂裡虔誠禱告一樣。我想探索這條河，並在那裡專注於飛釣拋投的技巧，以及重新認識成為父親之前的自我。年輕的時候，英屬哥倫比亞的河流盛產鱒魚、鮭魚和硬頭鱒。那時的我可以去到任何地方釣魚。然而，在女兒出生後，許多溪流成了蕭瑟的荒地，魚群因過度捕撈、伐木或抽水灌溉乾草作物而蕩然無存。我不想帶她們去那般絕望的地方。我知道有些溪流仍游著鱒魚，我想知道鮭魚河是否有在這股浪潮中倖存下來；如果它還留有魔法的話。

鮭魚灣得名自曾經湧入南湯姆森河，並遷移至舒斯瓦普湖的紅鉤吻鮭。魚群從湖中向上游往支流，像是亞當河或更小的鮭魚河。亞當河以其大型鮭魚的洄游而聞名於世，沿岸設有小徑和觀景台，供遊客觀賞鮭魚產卵的壯觀景象。鮭魚河卻沒有上述的設施，它在過去曾與亞當河一樣盛產紅鉤吻鮭。

一九〇五年，紅鉤吻鮭湧入鮭魚河的數量如此之多，據一名漁業人員所言，魚群從湖中進入溪流時，水位會隨之上升，船隻跟著受到抬起，流水從牠們的背上湧起，形成一股高大的魚群浪潮。那時的河裡也有許多大型鱒魚，牠們以鮭魚卵為食，且數量相當豐足，會從滿溢的巢中游出，沿著河床底部滾動，獵捕春天孵化的成群魚苗。好景不常，人們開始移居此地，將河岸平地上的森林砍伐殆盡，夏天的水溫隨著樹蔭消失而升高，使得鮭魚幼苗難以生存。產卵的鮭魚在那時被視為氾濫的物種，因此人們隨意捕撈，在河中灑網或以魚叉獵捕，用來為農田施肥。大自然被乾草作物占領。商業漁船在鄰近分水嶺的海洋遠處，捕殺了數以萬計的鮭魚。伐木破壞了魚類的棲息地。牛群開闢通往河流的道路，使其泥沙淤塞。養殖場的糞便排進河中而造成汙染。玉米農場抽走數百萬加侖的河水來灌溉農作。

根據在那之前所讀到的內容——為女兒們尋找可以留下的遺產——鮭魚河仍有一小群

鮭魚生活於其中，牠們藏身在曾經發生過洪水的地方，如今已形成一條細流。然而，我找不到任何關於鱒魚的資料。我希望能在某處找到一座深潭，如此便能在那兒向女孩們展示，鱒魚是如何躍出水面來捕食誘餌的。

我將車停在橋邊的一片塵土中，下車往流水望去，陽光刺眼，感覺熱度在燒灼皮膚。我想到全球暖化，擔心女兒們即將繼承的地球，但將手伸進河水時，心中的烏雲頓然散去——那是如此冰涼，如此富有生命力。

我溜進橋下的陰涼處，將魚竿組裝好，同時思考著不同的選擇。準備探索一條新河流時，首先該考慮的是：要在上游還是下游釣魚？河川穿過橋身往下游流過一片柳樹林的斑駁樹蔭，看似誘人，但河道過於狹窄。水流從炫目的陽光下溜進深綠的弓形河道，如同理查・布羅提根（Richard Brautigan）在《在美國釣鱒魚》（*Trout Fishing in America*）中描述的溪流：布滿陰影的流水穿過「深長隧道裡的一排排電話亭」。布羅提根於一九六七年寫下這句話時，電話亭幾乎絕跡，但鱒魚仍然存在，所以我依舊抱持著希望。

我身後的上游湍急又淺，流淌於乾草田地間，暴露在傾洩的日照下，穿過九千四百萬英里的土地。經過乾草田地後，河流在黑色的峭壁底部轉向，隨後便消失於我的視線之外。上游看不到適合鱒魚生長的環境，也沒有樹蔭——連一座電話亭都沒有——但我還是決定前往釣魚，因為探索河川的源頭總是更有趣。我已經知道了它的去向：返回田地，注入湖泊。湖上在夏日歷來充斥著快艇和滑水者。此外，上游的鱒魚產量看起來較低，水域太開闊，水溫也太高，因此可能從未有人前去垂釣過。

在橋下偷偷組裝飛蠅竿，有一種微妙的愉悅。汽車在頭頂上飛快駛過，輪胎壓迫逐漸融化的柏油路；而在腳下，河流的潺潺水聲和漆油木頭的氣味環繞四周。我思考該採用那些鱒魚釣餌，帶了一盒飛釣擬餌、兩條額外的線結、一把剪線鉗、兩個包在蠟紙中的三明治，還有一個瓶裝水，全都放在帆布肩包裡。綠色的飛蠅竿帶有銀色裝飾，重三盎司，配備打磨的瘤木線輪座——我打算日後將之送予其中一個女兒。我不知哪個女孩會得到它，但希望這枝美麗的薩奇牌釣竿能在自己離開後，延續著它的使命。

鮭魚河冰涼的流水環繞雙腿。我等到橋上的來車過去、道路安靜下來，再開始逆流而上，迅速地涉水，希望能在車輛經過之前躲在拐角處，避開其他釣客的視線。你不會希望太多人看到自己帶著釣竿啟程，否則他們可能也會跟著前來，帶上罐裝蟲餌、隨身音響和家狗——這種事情就曾發生過。

河道彎處的水位變深，公路也消失於身後。懸崖底部的水呈深暗的藍綠色。一棵古老的棉木躺臥在河道尾端的水中，樹皮粗糙得像大象的皮膚，部分的根部從岸上撕裂開來，樹枝順著下游拖曳，水流如風般蕩漾其間。附近的田野裡，蚱蜢以後腿摩擦乾硬的前翅，振動出大提琴的合奏。我靜靜聆聽，想著女兒們會多麼喜歡這美妙的音樂：一場夏季的盛典正悄悄展開。昆蟲有時會從草叢中飛出，劈啪作響，接著在落地時發出撞擊地面的聲音。有些昆蟲會落入水裡，在牠們掙扎試著回到空中的同時，水面隨之浮起一圈又一圈的漣漪。

我綁上一隻擬餌以模仿蚱蜢；上頭裝有棕色的火雞羽毛，以及黃色的毛料，看起來栩栩如生，彷彿隨時會從我的手中跳出去。其體型稍大，在釣線的尾端顯得不靈活。拋投時，它重重撞在水面上，濺出水花，猶如真的蚱蜢一樣。

釣餌沿著棉木漂過，消失於一個完美、明亮的漩渦中。將釣竿升起，鱒魚沒入碧藍流水中。石墨材質的釣竿在夏日高溫下發出低沉的震響。

那一刻，我意識到自己有多麼喜歡遠離車輛與人群，享受靜謐世界的輕輕低語——啁啾、嗙嗒、沙沙、潑濺。站在水中，我感覺自己變得輕盈，如釋重負，彷彿融入其中，與河流綁上血結。

鱒魚躍到我的手中；牠如同由珠寶匠精心打造而成，側身刻有粉色條紋，鑲有翡翠的背部則布滿黑點。牠的身體冰冷、光滑，完美適應河水。無倒刺的魚鉤從牠小而銳利的齒間滑出，眨眼間，魚便銷聲匿跡，返回藏身之處。

每當我放生鱒魚時，都會想到女兒們，以及下一代的釣魚者。我希望自己釋放的魚兒能夠繼續繁衍後代，並出現在飛釣擬餌之前，於水面上翩翩起舞，於手中轉動，閃爍色彩。

我繼續逆流而上，每幾次拋投都會捉到一條魚，而每捉到一條魚，便離這條河流更近一些，漸漸瞭解它的祕密。不知道有多少人在這裡釣過魚，但鱒魚毫無顧忌地游向我的釣餌，表明了牠們曾未被捕獲過。

我慢慢釣魚，迷失其中。我站在一座池中，等待魚升起。我剛才看到一條鱒魚浮出水面捕食昆蟲，所以知道牠必然會再度現身。只要再浮現一次，我便能標記位置，將擬餌投至正確的範圍。除了回到下游，我無處可以去，所以只好耐心等待。時間緩緩流過，我幾乎屏息著，一動也不動，全神專注於水面，尋找任何一絲身影。魚再次出沒，使水面浮動，我立刻舉起釣竿投擲，身後竄起水花。我猛地轉過身，看見一頭兩叉角的鹿驚慌地從河中躍出。牠衝過河岸，竄進灌叢中，將我遠遠拋在後頭。我的心臟狂跳，雙手微微顫抖。幾分鐘後，我又出發去找另一條魚。

不久，農田的景色被森林取代，大樹斜依在河邊。陰影中的水顯然較為冰涼。我坐在一塊圓木上吃午餐，雙腳在溪中擺晃，看見一名男子從上游的彎道前行，向我這裡涉水而來。他戴著一頂破舊的牛仔帽、袖子被撕掉的格子襯衫，以及膝蓋以下皆濕透的藍色牛仔褲。他拿著一根長木矛，矛頭是黑色的三叉戟，鋒利的那側向內微微彎曲。那大概是他最好的釣魚裝備，我猜測。

他看見我，點了點頭，越過河水，並坐了下來。

「釣魚嗎？」他問。

「對，你呢？」

「我也是。」他說，將長矛靠在圓木上。

我想起自己帶了兩塊三明治，便分給他一塊享用。他接過來，像是早有預料到一樣。

他說自己是蘇斯瓦族，正在家鄉的河流中捕鮭魚。他自製的矛是用來捕殺從太平洋到來的切努克鮭的；牠們會沿著夫拉則河逆流而上，途經因河道擁擠、湍急而被稱為「地獄之門」的夫拉則河吊橋，穿過湯普森河一段湍流，直達南湯普森河，橫越蘇斯瓦河，最終進入窄小的鮭魚河中，也就是我們現在所身處的河川——他的家鄉之水。

「魚群就快來了。」他說。

他對我的飛蠅竿和釣餌很感興趣，說自己從未釣過鱒魚。這條河裡的切努克鮭重達二十磅，鱒魚則只有幾盎司重。

「牠們喜歡躲在倒木底下。」談及大鮭魚時，他說道。「我猜那裡比較涼爽。我會試著感受牠們，讓水流帶動矛，直到接近鮭魚，接著立刻舉起，然後……」他以一記猛烈的刺拳結束故事，我則想像矛穿透切努克鮭那橘色、堅實的肉體：大海贈予蘇斯瓦族的禮物。

「魚有時候會把我拉進河裡，我連坐在圓木上也沒用。」他笑著說。

他說自己已經十年沒有回到這條河釣魚了。為什麼離開了這麼久？

「服刑。」他答道。我並未問及原因，但得做出非常糟糕的事，才能在加拿大的監獄待上十年。可能是謀殺，我想。

我們談論了這座山谷在他一生中經歷的變化：農民砍伐樹木以種植乾草作物，森林大火肆虐群山，伐木工盡可能砍去一切。他說這條河比起兒時變得更狹窄、更溫暖，也不再如此狂野，他擔心鮭魚還能繼續承受多久。

「我們的孩子是否還能再見到牠們的孩子？」他問，表達出我自己也感到的恐懼。他搖了搖頭否定，或是說自己也不知道答案。

「人們必須改變，否則就會失去所有的鮭魚。」他說。「太多人只關心錢。」

他向我詢問關於飛釣的事，想聽聽鱒魚會如何從河流底部游上，以捕捉這看起來像蚱蜢的擬餌。我將一隻飛釣魚餌放在他手中，他笑了。

「看起來很真實。」他說。「真是神奇。」

我則瞭解了以矛刺捕魚的方式，瞭解他如何透過木矛的振動，來察覺魚的體型與牠們的游向。

「我不敢相信你能在這裡抓到二十磅的鮭魚。」我說。「我以為二十英寸的鱒魚已經很大了。」

他握著我的飛蠅竿，輕輕搖晃，笑著說它有多麼精緻，甚至比他的牛仔帽還要輕。

「不敢相信你能用這個來拋投。」他說。

「這是石墨製成的，跟打造太空梭的材料是一樣的。」我說。他抬起頭來，我也向上仰望，彷彿期待在天空中見到什麼。

我告訴他，這條河的鱒魚意外地容易捕捉。

「都不是大型的，」我說，「但每個池子裡都會有虹鱒。」

他點點頭，猶如對此表示同意，好像在說：知道這個很好。

「嗯，沒有人在這裡釣鱒魚。你知道，這裡是印地安人的土地。」他說。「白人不來這裡，印地安人也只捕鮭魚。」

我澄清不知自己已經非法入侵，也應該事先查看地圖，因為自己確實知道山谷內有蘇斯瓦族的保留區。

「沒關係，你沒有傷到這片土地。」他說。「三明治很不錯。」

他並未要求我離開，但他開始往下游走時，我跟著他一起涉水，陪他在圓木下尋找鮭魚的蹤跡。

「小心熊，」他說，「這裡真的有很多。牠們知道鮭魚什麼時候會來，然後在這一帶徘徊。」他在入獄前就記得這件事。他停在倒木下探察，將長矛刺入黑暗中，期待能將切努克鮭趕出來，我則走在他身前涉水而行。

回到我先前驚嚇到鹿的地方，就在那時，我看見岸邊的草叢裡出現動靜。我靜止不動，等待鹿現身——鹿朝著河邊走來時，高至胸部的草叢會不斷搖曳。那物正朝著我所在的水中走來，我微笑著心想：我不動，看看這次會有多近。

接著，草叢分開，一頭紅棕的大熊乍然出沒。距離如此之近，我幾乎能將釣餌拋投到牠的背上。熊的皮毛在日光下閃閃發亮。我們互視片刻，我向後跳去，像掙扎著要擺脫釣鉤的鱒魚一樣濺起水花。熊一時亂了腳步，摔下陡峭的河岸，頭著地並翻了個跟斗，接著飛快地跑起來，石頭在牠的腳步下撞得發出嗒嗒聲。我身後的原住民發出一聲響亮的呼喊。他從未在監獄裡看過這種事。

「嗚——哦！」他喊道。「快跑，有熊，快跑！」

我的心跳加速，在他的喊叫聲消失後，只聽得見血液在頭腦裡撞擊著。我等待拿著木矛的漁夫跟上。「真好玩。」他說，接著便一起涉水，試圖尋找那頭熊的去向，但牠已經消失無蹤，如同幽魂。

我們在河流中行走時，那位蘇斯瓦族人告訴我，一切都在變化，流水在河床上移動，深深侵蝕了懸崖，河岸也塌陷在他叔叔的漁屋原本所在的地方。

「就在那裡。」他指向一處空蕩、充斥雜草的河岸，那兒正逐漸陷入河中，看不出來是他成長並學會捕魚的地方，一點過往的跡象也毫無留存。他看見熊逃離時的笑容已然消失，此刻看起來相當失落，像是迷惘，也像是在默默哀悼。洪水沖走了一切。我想像著，下游某處的倒木旁可能藏有地板，鮭魚在其下游動，或是一座爐灶沉沒於河床，鱒魚在烤箱裡悠哉出入。

蘇斯瓦族的男子駐足於原地，看著曾坐落小屋的空地、他的童年所在之地。他沉默、悲傷。望著此刻的空無，他想起監禁奪走了自己十年的光陰，想起逝去而永不回來的東西，想起錯過的鮭魚洄游。他一生的記憶被洪水淹沒，散落於河流之中。

「我就走到這裡了。」他說。「我們已經到保留區的邊緣了。」

他向下游望去。曾經，眼前的所有土地都歸屬蘇斯瓦族，所有的流水都盛產鮭魚。

「必須相信切努克鮭會回來。」他說。「也許明日。也許下周。」

我思忖，在他離去的十年裡，整個流域的鮭魚數量已急遽下降，也許二十磅重的切努克鮭只存在於鮭魚河的記憶中，如同他叔叔的小屋，如同我曾於兒時在家鄉之水見過的硬頭鱒。

「嗯。至少我知道這裡還有鱒魚。我會帶女兒們來抓一些。」

「這樣很好。」他說。「我父親不在身邊，但祖父教會我釣魚。」他再次尋找那間已不復存在的小屋。我們在河中握手道別。

我涉水穿過平地，那裡的水又淺又急，半晌後回頭一望，發現他已消失在身後。那位帶著蘇斯瓦族精神的男人，猶如鹿和奔跑的熊，猶如他祖父的小屋，隱沒於森林，或者洪流，或者回憶之中。

回到卡車上時，天色漸暗，氣溫也隨著地球轉離太陽而變冷。隱藏於橋下的陰影終於滿溢至整片天際。

很多人見到你去釣魚，都只想知道你釣了多少，有沒有大魚。

釣魚並非這麼一回事。釣魚，是讓河流帶領你前進，去聆聽唱歌的蚱蜢，去見證跳躍的鹿和翻滾的熊；是關於行星的運轉和與陌生人交友的故事；是親歷自然的衰敗並體認失落的一切。我今日釣鱒魚而過得很開心，但獵捕鮭魚的蘇斯瓦族男子卻一無所獲。我收起裝備時，意會到自己目睹了一場憾事。

當我回到農場，女兒們正和奶奶待在植被繁雜的花園中。她們跑到卡車前，手裡拿著剛摘的鮮花，隨風飄揚著。

「我們從蜂窩裡取了蜂蜜，但爺爺被螫了。」艾瑪說。

「我餵了牛，搞得手都濕掉了。」克萊爾說。

她們的皮膚曬得棕褐，頭髮被陽光染成金黃，眼珠閃閃動人、充滿活力。我告訴她們，自己見到一頭熊翻跟斗，還遇到一位手持長矛的當地漁夫。她們的眼睛睜得大大的，想像著那有多麼刺激。她們想盡快去那裡釣魚，但我說得找個另外一個地方才行。

「那裡是蘇斯瓦族的水域，我當時不知道是禁止進入的。」我說。

「那是他們專屬的地方嗎？」艾瑪問。

「對，」我說，「還有神靈守護著，所以我不會再闖入那裡了。」

此後，我又搜尋了鮭魚河的其他河段，但從未找到像那日如此美好的水域，也從未帶女孩們去那裡釣魚。我必須繼續為她們尋找河流。

——

那年晚夏，我回到朋提克頓溪，自我兒時搬走後，睽違三十年再度重返那裡。我抱著複雜的心情回到小溪，因懷舊而感到興奮，但也帶有一絲擔憂。毫無疑問，如同鮭魚河之於那位蘇斯瓦族男子那樣，一切都會改變。那時，我第一次探索這條小溪時，和女兒們的年紀差不多。再度踏上這片土地時，我和父母當年定居在果園農舍時的歲數相當。我不知道這種巧合對於生命的連續性，以及鱒魚溪流如何在世代間永存，意味著什麼；但我深知，這是有意義的。

我思忖著，這條溪流是否能讓女兒們有所學習，正如同過往的我一樣。我有幸能在一條自己熟悉的流水旁長大，並將之歸於自己屬有。擁有家鄉之水，即擁有大自然的參照點、得以衡量變化與時間的基準——能夠瞭解溪流在季節輪轉間的情緒變化，以及魚類的運動，而這種連結會如潮水般於體內起伏、流動。在春天聽見候鳥北飛的聲音，我便想起那些湖泊中的虹鱒會浮出水面以捕捉獵物；桃子逐漸成熟時，我便想起粉紅鮭會返回哪些河流產卵。我記得自己到訪的次數，以及一起釣魚的朋友們。艾瑪和克萊爾從小在城市中成長，這使得她們與季節的循環大大脫節，而我想找到能夠將她們與土地緊緊聯繫在一起的溪流、湖泊與河川；這將帶給她們得以一再重溫的無數回憶。

我駕車穿過朋提克頓，找到通往高地的路徑，出發尋找童年的老家——某個被蘋果樹海所擁抱的地方——我曾於那裡過著簡單幸福的生活，父母仍然夢想著共組一個大家庭。如今，母親獨自生活在鹽泉島，並經常在那裡漫步於大自然之中，而父親則再婚，生了另一個兒子，一個比我年輕得多的同父異母弟弟尼古拉斯。當年陪我一起穿過果園去上學的四個兄弟，現在四散在各地——喬納森還在從事海上漁業，提摩西和安德魯住在育空地區，史蒂芬則在北極群島工作。我在尋找老家的蹤跡時，聽見他們微弱的回聲，呼喚我玩接球遊戲，或是激勵我爬到樹上高處。我們曾經在這裡一起沿著石牆採摘野生蘆筍，在山上用棍子戳打響尾蛇，在附近的小溪徒手抓捕小鱒魚。

我停在曾經坐落著車道的路上，先前聳立於果園上方並標示著庭院入口的紅杉，已經不見蹤影。我也找不到遮掩後門的那棵參天杏樹。一切都不復存在，被時間的洪流所淹沒；樹木被推倒，老屋子也被拆除——那棟房子與帆船載運過來的英國家具誕生於同個時代。

往昔的美好都被拋到一邊，被迫為現代牧場和平房讓路。

我將車開入取代櫻桃樹林的死巷，轉進曾經長滿茂盛柳樹的道路，找到了那條小溪。雖然小溪還存在，但看見房屋和草坪沿著溪邊蔓延，取代茂密的灌叢，心裡仍感到悲傷。我想，這不是我想教導女兒們飛釣的地方。我得找個更原始的地方。我向上游走去，認出了那些古老的水池，它們依舊坐落在小溪的彎處。即便周遭的土地發生了改變，溪流的內部結構卻保有原本的模樣。

鑑於世界的現狀，我並不指望能在舊地找到鱒魚。我從步道上望向空無一物的池潭，水似乎變得更暗沉、混濁。不過，走著走著，我還是不禁思索，也許多年前釣過魚的水中，仍游著一些紅點溪鱒。我曾在源頭失去的那條大魚，是否有產下後代？牠們是否還生活於此地？

我帶了一枝非常昂貴的飛蠅竿，作為孩子的我肯定不敢相信自己能夠擁有如此夢幻的物件，但我不確定現在是否有機會能夠使用到它。難道我只是在自尋失望嗎？我若一無所獲，又將會是另一次打擊，再次提醒自己珍貴的一切是如何逝去的。但是，我至少想再次涉足青春時熱愛的溪流。我從岸上走入溪中，流水涼爽而熟悉，圍繞我的雙腿潺潺流淌，竊竊私語著。

小溪的對岸曾是一片野生樹林，現今成了一棟棟平房組成的退休村落。我在其中看見一名男子站在客廳裡，透過一扇落地窗望向我，舉起白葡萄酒對我致意。我低下帽子，心想自己在他眼裡，看起來就像維多利亞時代畫像裡在鱒魚溪流中的釣客，而不像一個正在尋找過往的人。

一位困惑的居民停在我身後的溪邊小路問道：「你真的要去那裡釣魚嗎？」

「應該會。」我說。「小時候在這裡釣過魚，幾乎是四十年前了，這些房子都還沒出現。」

「嗯，那很好。」他說。「現在沒人在這裡釣魚了。」

他繼續前行。我抬起頭，那位飲酒的男子已經離開了客廳。我獨自一人身處於溪流上，雖然算不上真正的孤獨，但暫且不得如此。

我想起了那名小男孩、浮標、蠕蟲，以及潛藏於黑暗中的玻璃碎片。當然，還有那條曾在河川源頭遺失的大魚。

裝上十六號的「亞當斯」釣餌時——綁有整齊且直立羽毛的乾毛鉤——我不得不將眼鏡滑下鼻子才能看見細小的線。我的視力退化許多，這也許就是自己看不到魚的原因。或者只是牠們真的不在了，如同我在果園裡的老家，如同鮭魚河岸的蘇斯瓦族小屋，只殘留於往昔的時光。

我往更深處移動，反覆擺盪釣竿，準備投入深水狹縫的範圍。我想像著紅白相間的浮標沿著水流漂動，浸入並旋轉，標示鱒魚應該停留的位置。

第一次的拋投靜靜落在水面上，我修整了線，輕輕向上游投出環狀型態的釣線，使擬餌自然漂流。一條魚立刻浮上，其光滑的背部刺穿水面，將魚餌咬入水中。我抬起魚竿，確保釣鉤有深入魚嘴，經過短暫的拼鬥後，將鱒魚拉上了岸。我將之放回水中，第二次拋投又釣到了一條魚，接著的第三次也是如此。魚兒有六英寸長，比以前捕獲的十二英寸小得多。不過，牠們依舊美麗，翠綠的背上生有明亮的紅、藍色斑點與蟲紋。這些即是童年時期的鱒魚，我彷彿打開了塵封已久的珠寶盒，在其中發現珍貴的傳家寶。其中一條比其他魚更難對付，牠有將近一英尺長。我溫柔地將之置於腿上，並放在水面上片刻，讓光線照耀其側身。我記得這些動人的色彩。

先前的男子從小徑步行回來，停下來看見這一幕，不禁說道：「哇，那很值得留下！」他說自己要跑回家拿釣竿，並帶自己的妻子一同前來。很快地，他們兩人也在上頭的池潭中釣魚、於小溪上拋投，渾然不知過去充滿生機的柳樹林已經被冰冷的房屋取而代之——許多人遺忘了朋提克頓溪的真實之美。

稍晚，我在天黑前開車穿過郊區，步行到大壩一旁，再爬上岩壁和圍欄。我望向水庫的對岸，看著溪流起源的山谷。正是在那裡、水道的彎曲之地，我在那處的源頭發現一條大魚的記憶。

水庫周遭張貼著告示牌，警告擅闖乃違法行為，就如小時候一樣。但我知道孩子們仍會屈服於禁止水域的召喚，偷偷溜進來，因為圍欄上還留有一道缺口，與我的回憶吻合。

拋投教學

Casting Instructions

每年夏天，我和瑪姬都會帶女兒們去露營，將帳篷搭在湖畔、溪邊與河流旁。在教導艾瑪和克萊爾拋投之前，我向她們展示如何躺在碼頭上，透過縫隙觀察下方游動的鱒魚。我幫她們翻動湖濱的石塊以尋找石蠶——即石蛾幼蟲，是一種到處遊蕩的水生昆蟲，總是背著由細小的枝條或石子所加固的外殼。我告訴女孩們，牠們成年的樣貌看起來就像小飛蛾，掠過水面產卵時，鱒魚就會追在身後，毫不留情地發動攻擊。這改變了她們看待湖泊的方式。此外，我還向她們展示蜻蜓若蟲攀上蒲草脫殼的情景。

「只要看到蜻蜓在湖上四處飛舞，就能知道水下的附近肯定有若蟲。」我說。「鱒魚喜歡捕食牠們。」我從蒲草上取下一隻新生的蜻蜓，將其帶進獨木舟。

克萊爾看著這隻昆蟲停駐在船舷，伸出自己的翅膀。「牠們看起來很兇，但只要動作不粗暴，就不會咬人。」我說。克萊爾試探性地將手放下，等待小蟲爬到她的手指上，其微捲的翅膀輕輕伸展，強壯但無害的上顎微微張開，小小的腳緊抓她的皮膚。她將蜻蜓放在面前，轉動於光線下，艾瑪自己也找到了一隻，各自閃爍著藍色光芒。

女兒們學會藉由觀察昆蟲翅膀的模樣來區分蜻蜓和豆娘（蜻蜓的翅膀會從兩側伸展開來；豆娘則將翅膀摺疊於背上，如同帳篷），並驚嘆於陽光穿透光滑的翅膀而發出的光。她們吹乾展開的翅膀，微笑看著昆蟲如風中的火花般冉冉飛起。接著，她們從我的釣餌盒中選擇了蜻蜓若蟲的擬餌，並在水草床上慢慢垂釣，隨時緊戒著上鉤的跡象，因為她們知道魚和昆蟲在水中是互相交織的。

她們見證了大自然，感受其一點一滴的美好。我們在令人昏昏欲睡的天空下漂浮著，聽見渡鴉的呼喚，在森林裡迴盪洪亮的啞啞聲，以及鴨子落在附近水面時，其羽毛在空中揮動的聲響。艾瑪收集隼的羽毛，請她的母親正確辨識品種，並將之塞在我釣魚帽的繫帶上。「這是紅尾鵟翅膀的羽毛。」她說。

克萊爾帶給我一隻山藍鴝，其屍體在路邊被發現，凌亂而溫暖的羽毛塗有梵谷星夜的色彩。她輕輕捧著鳥兒，但並不悲傷。她已經明白了生命的轉瞬即逝，大自然有自己的規則。

「你覺得牠是怎麼死的？」她問。我們細細檢查了一番，沒有發現傷口，頸脖卻相當癱軟。

「或許是被車撞到了，也有可能是剛才見到的遊隼擊中了牠。」我說，她則點點頭。我取下幾根半羽來裝飾釣餌，並將鳥兒放回森林。牠在隔日早晨便消失不見——畢竟森林總是飢腸轆轆——但一隻長著灰藍色翅膀的蜉蝣擬餌，很快便回到我的釣餌盒中。

有一日，我們停在湖上釣魚，而女孩們發現一隻幼鵝正在附近的草地上不斷掙扎。

「牠有麻煩了。」克萊爾說。

我們上岸後發現牠被魚線纏住，我將外套蓋在掙扎的幼鵝上並緊緊抓住，女孩們則解開牠翅膀和足上的絲線，動作溫柔而堅定。釋放幼鵝後，牠奮力跑過水面，拍打著毛茸茸的小翅膀，與擔憂的鵝群再度團聚。成年的鵝伸長脖子，急切地叫喚著，直到幼鵝回到牠們身邊。艾瑪和克萊爾歡呼起來。接著，她們沿著岸邊走，撿起所有能找到的魚線，如此便能避免同樣的悲劇上演。這一切都和釣魚一樣重要。

起初，女孩們只是拿著釣竿，讓魚餌在船後緩緩拖曳。學習拋投則是後來的事。

在所有拋投的方式中，飛釣是最複雜、最令人困惑，卻也最優雅的一種。一般的拋投相當簡單，但好的拋投需要精準的時機，要做對就得多加練習。成功的拋投毫不費力，如同沉思般靜心；釣線拉越天空，輕盈的魚餌在運動和光線之下栩栩如生，宛若一滴雨輕輕落下。但若做得不好，釣線便會一團一團地糾纏在一起，令人挫敗。

由於飛釣拋投和飛釣並非同一回事，艾瑪和克萊爾還有很多東西要學習。但我知道，她們一旦瞭解了拋投的基本原則，就能開始享受在水上度過的日子，因為好的拋投正如祈禱一般——充滿希望。

當女兒們長大到能夠揮舞九英尺長的飛蠅竿時，我便覺得是時候讓她們邁出下一步，學習如何拋投了。她們看著我在草地上演示動作。我在釣線的末端綁上白布以取代擬餌，如此便不會鉤到自己。

「想像自己背對穀倉大門站著。」我告訴她們，重複幫助自己掌握正確技巧的一課。「將釣竿往後抬至背後，但別碰到穀倉的門。記得要轉動頭部觀察線的展開，在線於身後拉直的瞬間，往前擲出。」

他們看著我拋投，思考了一會兒後，輪流提起釣竿、拋線。她們都回頭觀望，以防止竿子的頂端撞上穀倉門。

我將艾瑪的橘色棒球帽扔在草地上，讓她們試著擊中它。女孩們將注意力集中於目標時，拋投動作變得下意識般自然，小小的白布如蜻蜓來回飛舞，最終像隻蜉蝣飄落在帽子附近。

「如果能把我這枝又重又舊的玻璃纖維釣竿投得很好，那麼之後自己得到又輕又新的釣竿時，就無往不利了。」我說。

她們以我從十幾歲就擁有的老哈迪牌釣竿練習，掌握了拋投的技術。我開始信任她們使用我更輕、更昂貴的石磨製薩奇牌釣竿。

幾周過去，艾瑪在使用新釣竿拋投時展露笑容，那枝釣竿啪地一聲展開，以她未能想像得到的方式加速釣線的延伸。

「哦，投得不錯！」她說道，站在船上，於水上拋竿。那時是春天，我們身處游著鱒魚的湖泊上，魚兒盤旋於水面追逐著石蠶擬餌。艾瑪瞄準漣漪拋投，經過一小時的嘗試後，終於捕到一條於空中跳躍的虹鱒，嘴裡叼著釣餌緊緊不放。她發出一聲歡呼，在那一刻我便知道，自己總有一天會將這枝魚竿託付給她。我想，她自己心裡也有數。

擁有釣竿作為禮物，是一件美好的事，因為飛蠅竿不僅是工具，更是護身符。用它來釣魚，即是帶著贈予者的愛在釣魚。它繼承了釣魚的水域，以及遇到的大鱒魚和鮭魚的記憶。有時，一枝釣竿便足以喚起這些往日的回憶，讓自己想再回到家鄉之水釣魚。

我有一枝由彼得．麥克維（Peter McVey）所作的竹製釣竿，他曾是一名拳擊手和大廚，於一九六〇年代從英國移民至加拿大，直到二〇一九年去世，一生都居住在梅里特（鄰近世界最好的鱒魚湖泊）。我曾拜訪過彼得的工作室，他在那裡一邊製作新的釣竿，一邊和我聊著釣捕湯普森河的大型硬頭鱒和虹鱒的事情。我告訴他，自己有一天也想有個像這樣的小釣竿，能在小溪中釣小鱒魚。

「沒錯，我知道那樣一定會很有趣。」他笑著說道。「為此，你真的需要一枝輕巧的三號釣竿。」

那時的我並不知道，那枝釣竿是為我而打造的。後來，瑪姬將之作為生日禮物送給了我。我第一次從木箱中取出竹製飛蠅竿時，被其美麗所震懾。它小巧、輕盈又堅固，由一位拳擊手兼藝術家的雙手製成；拿起時，釣竿顫抖起來，宛如一隻正在嗅聞獵鳥氣息的獵狗。

那年夏天，我在斯卡吉特河首次用它釣魚，輕輕投下「亞當斯」乾毛鉤。在我穿越第一座池潭之前，一條虹鱒游上水面，一口撲上釣餌。三號釣竿彎曲至軟木手柄上，十四英寸長的鱒魚似乎比實際要來得大很多。

對於艾瑪和克萊爾而言，那枝小釣竿即是一個啟示——在手中是如此輕盈，也拋投得相當漂亮。我們一起在斯卡吉特河上釣魚，共用彼得特地為這條河而打造的竹竿。那天結束後，我們走回卡車旁，艾瑪握著我的輕型石墨釣竿，克萊爾則拿著小小的竹製釣竿。我讓她們走在前頭，以防美洲獅從後方襲來，一路上歌唱、吹口哨，向前方小徑發出聲響。

「嘿，熊！」她們偶爾會如此喊道。

她們那日只釣到幾條魚，但這也足夠了。我們穿過森林的陰影與陽光，女孩們滿是喜悅，很高興能帶著飛蠅竿，並聽見附近河流的潺潺之音。

我們那晚睡在河畔的帳篷裡，直到她們都進入夢鄉了，我才躺下休息。我徹夜未眠，只是聽著森林靜謐的聲音，並計畫隔日的行程。每當想起斯卡吉特河，關於彼得・麥克維的記憶便會浮上腦海。他因癌症而猝然逝世，留下了一枝美麗的釣竿、一塊宇宙的碎片；若女孩們在那場夏日用它來釣魚，他想必會展露出燦爛的笑容吧。

一年聖誕節，克萊爾收到屬於自己的釣竿和線輪。她迫不及待地拆開包裝紙從盒裡取出，因為能擁有自己的裝備而感到高興。她已經長大，不再需要使用舊物，也不用和姊姊搶著共用了。她終於擁有了專屬的工具，想釣魚時隨時都能前往水邊。她將這份禮物連同釣魚背心與釣餌盒一起放在房間裡，等待每一場河畔之旅的到來。

「自己信任的釣竿總是釣得更好。」我如此告訴女兒們。

沒過多久，克萊爾的新釣竿便派上用場，她很快就對此培養出完全的信任。一晚，在一座鄰近甘露市的鱒魚湖泊上，她於釣線上繫綁浮標和名為「南瓜頭」的擬餌。她將其拋至三十英尺外，做出隨性、簡單的拋投動作，接著坐在船底，背靠船尾的座位，將救生衣當作墊子。她拿出一本書閱讀，一陣微風撫過，浮標在水面上晃動，而在水面下幾英尺處，帶有橙色珠子的綠色小釣餌也出現動靜。

幾分鐘後，浮標沒入水中，而我說道：「妳有魚上鉤了。」克萊爾舉起放在腿上的釣竿，一條鱒魚猛地越過湖中，將魚線重重扯出線輪。她跪下又站起，將鱒魚拉回網中。她以這種方式又釣到了兩條鱒魚，全程只依靠釣竿、魚餌和風的力量，收穫得比我還多。

「釣魚的禪意。」她這麼解釋自己的技巧。克萊爾相信她的釣竿有著超常的運氣——也確實是如此。

在海達瓜伊的一次旅行中，艾瑪和她的釣竿——當時還是我的——建立了深刻的聯繫。朋友哈維帶領我們穿過一片長滿青苔的深林，順著突然出現於眼前的陡峭溪谷往下走，來到湍急而清澈的河邊。我們看見鮭魚在倒木下的陰影中游動，但岸上的植被雜亂，完全沒有空間進行拋投。

我們依著崎嶇、濕滑的河岸逆流而上，直至來到一座瀑布下的水潭邊，那裡迴盪著流水的轟鳴。鮭魚的背鰭到處可見，在明亮的水面上劃出一道又一道銀光。因為身後沒有空間足夠抬起釣線，艾瑪決定步入水中進行環拋。第一次拋投時，一條大型的銀鮭突擊釣餌，她和魚短暫搏鬥了片刻還是輸了。這場激烈的戰鬥驚動了其他鮭魚，使牠們都潛入池中深處。

我加入她的陣營一會兒，但魚群太過緊張，不願出手攻擊誘餌。我退出後，艾瑪仍繼續拋投，以飛釣擬餌試探水面，她無比的耐心使釣餌得以深入池中。艾瑪摸索著和魚的連結，竿尖移動著追隨水流的路徑，如同一位指揮家在樂團中擺動指揮棒，等待合適的時機讓小提琴手演奏。我和哈維坐在岸邊，看著她在流水與游魚之間舞動。

「她真的很厲害。」哈維感嘆道。「對這枝釣竿非常精通。」

接著，釣竿彎成深深的弧線。魚搖動強壯的頭部時，艾瑪的手臂也跟著猛地抽動。那一刻，鮭魚和釣者融合為一；如同一股電流沿著線流過，穿越釣竿，傳導至她的體內。

鮭魚在水上奔馳，飛躍於空中，潛入瀑布底部的泡沫中。下游躺臥些許倒木，魚可以很容易地將釣線纏繞在樹根上，藉以重獲自由，但鮭魚並未跑出水潭，而是留在瀑布下、古老森林的深處。艾瑪沉默而毅然，撐了下來。魚竿搖動，釣線像緊繃的金屬線嗡嗡作響。我起身準備前去幫忙，哈維卻碰了碰我的手肘。

「先等等。」他說。

過分祖護的父母常常會介入，保護孩子免失敗、挫折與灰心。有一次，克萊爾站在一艘搖擺的小船上與大鮭魚搏鬥，我緊緊抓住了她的腰，深怕她會被拉入水中。事後，她所記得的不是與那條大魚搏鬥的感覺，而是我如何緊緊抓住她，不信任她能自己站穩腳步。她記得的是我的擔憂，而非自己的喜悅。

於是，哈維和我看著艾瑪將魚拉上岸。那是一條大鮭魚，卻在釣竿一次一次彎下並吸取拉力後，戰敗於其不懈的阻力。

艾瑪退回岸上，腳步蹣跚，坐在淺灘上將鮭魚拉到腿上。魚兒靜靜地平躺，她拿起鉗子將魚鉤鬆開。鮭魚拍了兩下尾巴便消失無蹤。

「我喜歡這枝釣竿。」艾瑪說道，將其舉在森林的光線中。因此，我將釣竿交付給她。

有了自己的釣竿後，女孩們成為了熟練的拋投者，很快便能將釣餌投至心向之地。但我看得出來，她們仍有很多東西要學習——釣魚的技藝、魚類的行為，以及牠們在河流中可能停留的地方。我曾花上數小時躲在朋提克頓溪畔的柳叢中，研究水流和溪鱒的動向。在過程中，我意識到魚類的存在彷彿抽象畫一般難以解讀，為了找到牠們，往往只得追尋其陰影。藉由解讀流水，來判斷魚可能在水流中停留的位置，接著集中注意力觀察，直到隱藏的身影漸漸浮現。我仍在尋找合適的水域，一個完美的所在。

釣獲放流

Catch and Release

那年夏季，我們全家一起到鄉間度過假期。我從公路橋上看見一條小溪坐落於下方，距離我們住的房子只有很短的車程。一日，我停在這段路口，看著橋下的小溪注入湖泊，湖畔擠滿游泳的人群和奔跑的孩子。上游看起來也相當不樂觀：被開鑿成溝渠，其自然蜿蜒的河道受到拉直，以防止溪水溢出，淹沒附近的果園。

溝渠中的溪水又急又淺，我看不見任何適合鱒魚生存的水域。因為喪失了原本彎曲的河道，池潭便無法形成。正要轉身離開時，我抬頭望向更上游處，心中感到一絲希望。小溪從峽谷中流出，在那之外即是一片長滿松樹的山脈，這意味著源頭肯定未遭染指，依舊保有原生的樣貌。接著，我開車駛入山區，沿著地圖上的藍線前行，停在接近溪流的路邊。我順著小徑走去，來到溪邊時，發現一名老人坐在岸上，靴子浸沒於水中，手裡拿著一枝釣竿。

「嗨。」我說。他抬起頭，點頭打招呼，顯然對在荒郊野外遇見陌生人並不感驚訝。

「你能扶我一把嗎？」他問道。「我坐下後就動不了了。年紀大真不好使。」

他頭戴一頂油膩膩的棒球帽，身上穿著褪色的藍色襯衫、破舊的工作靴，皮革被溪水浸濕。在他白色鬍渣之後的皮膚曬得黝黑，長年在陽光下瞇著眼，使他的眼角留下深深的皺紋。我拉起他的手臂，他也挽著我。老人體態沉重，雙手粗糙，指間被菸草染黃，握力也很大。看得出來，他曾有過強壯的體格。第一次嘗試失敗，第二次舉起時他終於站起身來，腳步踉蹌，擺出戰鬥的姿勢，彷彿準備迎接一個想將他擊潰的世界。

「有釣到魚嗎？」我問。

他向河岸上的小袋子點點頭作為回應。那個袋子以牛仔褲的褲管改造，已經全然濕透。我將之舉起，感覺裡頭的魚光滑而濕潤，三條漂亮的虹鱒掉了出來。

「以前的魚比較大，」他說，「現在能釣到十英寸的就很不錯了。」

我說自己想找個地方帶女兒們去釣魚。

「上游。」他回道。「我如今只能走到這裡了，但上游更好，我年輕時常去那裡。」

我問他是否需要幫忙攙扶。

「不用了，沒事的。卡車就不遠的地方。」他說，儘管我並未看見路邊停著其他車輛。

我沿著小徑繼續前行，看見溪流在森林的樹蔭下冉冉流淌，感覺涼爽而振奮人心。半晌後回頭望去，老人已經離開，我不禁想著自己是否遇見了友好的水靈幻化成人。他或許讓我瞥見了二十年後的自己，年老體弱的我需要他人攙扶。知道女兒們在那時會陪伴於我的身側，帶給我一些安慰與溫暖。

——

那晚，小溪的歌聲在我的夢中流淌著。隔日，我和克萊爾騎著腳踏車前去斯多尼溪，經過遇見那位老人的地方。這條溪流經常受到地勢和植被遮掩，其聲音比形影更加顯著。小溪從山中流瀉而出，沖刷一塊又一塊的巨石，水流太過湍急，魚無法停駐於其中。我們繼續前進，直到水聲逐漸平緩。我們將腳踏車停在一旁，走下山坡，小心翼翼地踩穩腳步，以免在落滿西黃松針葉的地面上滑跤。

我們透過樹林瞥見一座池潭時，我說：「這才是我想要的。」那是一個平靜而深邃的水域，泡沫如婚紗的裙擺蜿蜒穿過黑暗的水面。溪流在倒木的阻塞下轉彎，為鱒魚在炎炎夏日中提供完美的藏身之處。

我們涉過池潭上方急淺的水，站立在礫石上。克萊爾十一歲，高挑而優雅，她內心的世界越發神祕，但還沒到成天只在意朋友的年紀。那一天總會到來，不過看著她準備釣竿、一臉開心的樣子，似乎很高興能和自己的父親一起出遊。我們翻看她的釣餌盒，考慮了所有可能，過了一會兒，她取出一隻灰色的小乾毛鉤，上面裝有直立的翅膀。

「亞當斯釣鉤，」我說，「不錯的選擇。」這種釣餌會在水上漂浮，如此便能追蹤其位置。「這看起來像蜉蝣，像蚊子，像許多小昆蟲。」我說。「它是我最喜歡的飛釣擬餌。」

「我知道，」她說，「我應該有看過你綁過這個。」

她將釣餌綁在線結上，目視池子，思考該從何處著手。克萊爾曾在湖中釣過鱒魚，但小溪不同，更具挑戰性，她也仍在學習。流水複雜、神祕，難以閱讀。波紋狀的表面隱藏了魚的位置，需要不斷觀察水流中的釣餌和魚線，讓它們保持相同的速度移動。若失去同步，釣餌就會呈現得不自然，鱒魚也會轉身離開。

然而，在溪流中釣魚是種全然的享受，比起湖泊更能帶來親密的連結感。溪流使空氣瀰漫潺潺水聲與折射的光芒。為了釣魚，還必須涉水；在暖和的天氣裡，可以不穿涉水鞋，只要簡單穿上靴子和牛仔褲（或短褲）就能涉水而過，並任由陽光曬乾。順著溪流的上下游望去，看不見前方的遠處，因此每個彎道都能帶來驚喜。有時會在森林裡發現隱藏起來的河狸水池、在泥巴上看見新鮮的熊腳印，或是在個意想不到的深潭中，目睹成群的鱒魚宛若金塊般閃閃發光。黑暗中有時會閃出一條大魚。跟著溪流的腳步漫遊乃是一場啟示、一次穿越大自然的旅程。那日，我希望克萊爾能在斯多尼溪的流水中，找到我兒時在朋提克頓溪中發現的魔法。

我們靜靜站了半晌，看著泡沫隨著水流漂移，如此便使流水容易閱讀，為我們勾勒其軌跡。

「魚會躲在圓木下，但沒有空間可以向後拋竿。」我說。「所以，只要滾拋釣餌到溪流的斜對面，讓水流帶它下去即可。」她看了看身後溪流上的樹枝，一旦拋竿，魚線就會被纏困住。她思考了一下動作，點點頭。第一次拋投有些草率，但舉起線再度嘗試時，釣餌後方突然濺起水花。

「啊！」她說。

「錯過了。」我說。「把釣餌放回去那裡。」

她照做，快速向前擺動釣竿，一條虹鱒從底部衝出，抓住了「亞當斯」釣餌。

她將魚兒拉近，掠過水面。魚落到了她的手上，我將魚翻過來，向她展示使魚變得溫順的方法。鱒魚在水中從不倒立，一旦將其翻身，牠們就會陷入靜止的狀態，迷茫不已。

小小的魚鉤差點刺穿鱒魚的下顎，我將之拔出。她把魚翻回來，放入水中，笑著看牠游走。

「這樣會傷害到牠們嗎？」她問。我並未花費太多心思想過這個問題。我還是個小男孩時，一心只在意獵捕，但我深知自己現在得開始顧慮這方面的問題。

神經生物學家和研究人員一致認為，魚類能感受到疼痛，但對其含意則存有分歧。我無法給予克萊爾明確、基於科學的答案，所以我仰賴於我這一生中接手過上千條魚的經驗——透過指尖感受牠們的顫抖，以及冰冷的重量。

「我不認為飛釣鉤會對魚造成太大的傷害，牠們的嘴部十分堅韌。」我說。「有一天，我在北方釣魚時，捕到了一條狗魚。牠掙扎一會兒，用牙齒咬斷了魚線。當時和我一起釣魚的朋友投下魚竿，濺起水花，勾住了我剛剛丟失的魚。他捉起魚，我的魚鉤掛在其嘴側，他的魚鉤則懸在另一邊。如果魚鉤傷害了那條魚，我不認為牠會緊緊咬住不放。我們後來放走了那條狗魚，也拿回自己的魚鉤。」

我告訴她，自己曾抓過一條大型的割喉鱒，其側腹留有一道明顯的傷疤。我釋放那條魚的十分鐘後，又用同一隻釣餌抓到牠。疼痛會引發迴避，但那條鱒魚和狗魚並未對勾住自己的釣餌表現出任何躲避的反應。

我經常看見魚類身受重傷，卻也似乎毫無痛苦。我曾釣過一條鮭魚，牠身上留有海豹攻擊的新傷口。還有一位朋友捕過被魚鷹丟下不久的鱒魚。那些魚在放生後都游走了。

「看見這些東西，很難相信魚類會像我們一樣，感到疼痛或經歷創傷。」我對克萊爾說。「當然，和海豹的尖牙與魚鷹的利爪相比，一枝魚鉤根本算不上什麼。」

我自己有一日也被「釋放」過。當時，我正和克萊爾與艾瑪划船穿過一座湖，去到溪口釣捕傍晚時分的魚群，而當我向前拋投時，一陣強風襲來使釣線偏離軌跡。我感到釣鉤刺入後頸，無法自行取出，所以讓艾瑪拿鉗子抓住魚鉤的柄。

「就像釋放魚一樣。」我說。

她毫不猶豫地抓住飛釣鉤，將鉗子鎖緊。「知道了。」她說，並用力一拉，魚鉤便掉了出來。

「會痛嗎？」她問。

「沒什麼感覺。」我答道，一小滴血順著脖子流下。

「釣獲放流。」她說，接著又繼續釣魚。

人類比魚敏感得多，但魚鉤刺進我襯衫領口上方的皮膚時，一點痛也沒有感覺到。我仍無法確定，也只能希望對鱒魚而言亦是如此。

「魚會掙扎，」我告訴克萊爾，「不是因為魚鉤傷害到牠們，而是因為釣線的阻力使牠們驚慌，觸發逃脫的本能反應，飛奔到藏身之處。只要將魚線放鬆，上鉤的魚通常都會停止掙扎。」

我還告訴她，魚並不會像我們一樣經歷恐懼。

「有一次，我在一個觀景平台上坐了幾天，看著熊跑過淺灘，試圖捕捉鮭魚。」我說。「每當熊開始追趕時，魚就會立刻躲起來。一旦熊離開，鮭魚又會回到原本的地方，好像什麼事都沒有發生過一樣。如果妳被熊追著跑，一定會感到害怕、震驚，但魚和我們不一樣。當然，牠們奮力掙扎時也會感到壓力，但牠們終其一生都在躲避掠食者；躲避潛鳥、熊和水獺，且沒有留下明顯的創傷。因此，很難相信拉扯一條線會造成傷害。只要小心地釣獲放流，我不認為會讓牠們在生理上或心理上，造成有持久性的傷害和痛苦。」

我告訴她，釣獲放流是個古老的概念，最早可以追溯至英國化學家漢弗里・戴維爵士（Sir Humphry Davy）——他因發現多種元素，並發明礦工燈而聞名——於一八二八年出版的釣魚文學作品《薩摩尼亞：飛釣的日子》（*Salmonia: Or Days of Fly Fishing*）。他在這本關於遊釣的早期著作中寫道：「所有優秀的釣魚者一旦將魚拉上岸，若要食用就立刻殺死，否則就放回水中。」

但直到一九三〇年代，當時的兩位作家將釣獲放流推廣為重要的保護措施，這項活動才開始真正流行——至少在北美是如此。

「加拿大的羅德里克・海格–布朗，以及美國的李・武爾夫（Lee Wulff）普及了這一理念。」我向克萊爾解釋。「當時，許多地區的鱒魚和大西洋鮭正逐漸消跡，遊釣客卻不斷增加。他們推動這樣的觀念：釣魚者至少該放生一部分的魚。多年來，這一做法被廣泛實踐，在許多地方甚至成為法律規定，現在很多人都會放生所有漁獲。然而，原住民反對這項做法——說我們在玩弄食物。但若遊釣客殺死了所有捕獲的魚，河流便會被掏空殆盡。釣獲放流允許我們捕魚，魚類也得以生存與繁衍。」

我不確定自己是否說服了她，但希望她能藉由和魚的接觸，親身體會這件事。

——

那日，克萊爾在斯多尼溪釣魚時，我坐在松樹蔭下靜靜觀看。每次的拋投都在水面上激起水花，她很快便捕到六條鱒魚，並小心地將牠們全數放生。池潭變得沉靜，她來到我身邊坐下。

「這些魚真美。」她說。

我們聆聽森林中流淌的涓涓溪水，看著水面上閃爍的晴光。

「我們去下游探索吧。」我說。「看看能找到什麼。」

我們繞過倒木，小心翼翼地涉水而下，在岩石後方形成的小池子中拋投。光影在起伏的水面上竄動、流變，時不時有鱒魚浮出水面抓住飛釣餌。我們輪流釣獲放流。

在水道的轉角處，小溪深深切入高聳的岩石，看起來充滿希望。克萊爾做出一個完美的拋投，但沒有任何魚為「亞當斯」釣餌從陰影中游出。

「魚都躲在深處，看不見妳的釣餌。」我說。克萊爾打開釣餌盒，換上「金紋兔耳」釣餌。水生昆蟲在溪流中主要透過爬行移動，有時會因外力而移位，有時只是為了改變位置而隨著水流漂浮，使自身暴露在外，十分脆弱。鱒魚這時便會捕食牠們，將其從水流中咬出，就如鳥攔截飛蟲一樣。

克萊爾在飛釣餌上方的線夾了咬鉛，以使其下沉。有了重量後便難以拋投，但她能夠揮出，任其落入水中，讓水流帶走釣餌。

「這就是我小時候的釣法。」我談及揮動和落下的技巧，想起自己和她年紀相仿時，在朋提克頓溪失去的那條大鱒魚。「只是我用的是蠕蟲，不是飛釣擬餌。」

她將模仿若蟲的釣餌投進水池頂端的急流中，隨著它向下漂流而放線。釣餌消失在岩石下的黑暗中，於底部不斷碰撞，竿尖隨之發出震動。

赫然間，深邃的黑暗中傳來一股拉力。那是一條更大的魚，她的釣竿就像探測儀一般彎下身，急切地尋找地下水。

看不見的鱒魚總是感覺比真實的尺寸大得多，所以我們都在等待牠現身，以便在第一眼確認體型。過了一會兒，深處的洞穴中閃出一道銀色光輝。鱒魚奮力掙扎，想停留在岩石的庇護之下、魚洞之中，一心只望不勞而獲，等待昆蟲漂進牠的嘴中。

然而，鱒魚最終還是屈服，衝出漆黑的深淵，穿過淺灘，又轉身試圖回到巢穴中。克萊爾以穩定的釣線壓制，將魚的頭部拉出水面，從淺灘滑到她的腳邊。鱒魚靜靜躺在地上，我們則專注欣賞著牠的美麗。

「十二英寸。」我說，對一條溪來而言算是一座獎盃，因為我們捕到的多數魚都只有八英寸。

她將魚放生，又涉水回到池子頂部，右手高舉釣竿，左手繞著鬆脫的釣線。重量向後擺動，接著又向前，釣線從她手中落進水裡，沒入我的過往，沒入隱藏的洞穴，鱒魚在其中悠哉游動，周圍漂浮著明亮、閃爍光輝的氣泡、松針、水生植物和昆蟲。那樣的拋投並不優雅，但十分有效，且更重要的是，這麼做得先理解一切是如何流動的——必須讀懂流水，才能找到鱒魚。

「兔耳」釣餌漂流得相當自然，栩栩如生，鱒魚很快便上鉤。釣竿跳了起來，又是一條大魚。她將其帶上岸邊，並釋回水中。接下來的拋投發生了激烈且短暫的搏鬥，魚的體型也似乎更大一些，但不久便結束了。克萊爾抬起頭，肩膀下垂，看著鱒魚脫鉤逃離。之後，她又拋投了幾次，讓釣餌在池潭中漂流卻毫無動靜。眼見情況如此，她應該已經抓到了這裡的所有魚，或者都躲藏在溪流深處的洞穴裡，無法觸及。

「就這樣吧。」她說。我們抬頭一望，太陽已經移到山後。她取下釣餌和咬鉛，將魚線收起。我們沿著塵土飛揚的小徑走上陡岸，鬆散的碎石在身後滾落而嘎嘎作響，踩過一片仙人掌叢，穿越陰涼的森林，找到我們的腳踏車。離開溪流時，我們駐足觀看一隻紅尾鵟飛過高空，爪子上掛著癱軟的蛇，宛若花園裡的水管。「牠要帶去餵養雛鳥。」我對克萊爾說，不久後便聽見幼鳥的聲音從森林深處傳來。

我們回到家時，克萊爾並沒有向她姊姊吹噓自己的好運，而艾瑪這一整日都選擇在湖畔游泳。

「抓到了些不錯的魚，」她只說了這麼一句話，「小溪也很美。」

——在女兒們學習飛釣的初期，我教會她們如何將魚鉤壓平——如此便能輕易地放生魚——以及使用鉗子取出魚鉤。在開始釣魚的前幾年，她們都是這麼做的：將魚拉上岸，隨後便放生。

「飛釣的終極體驗不在釣到魚，而是在親手抓住魚的瞬間。」我告訴她們。「徒手抓住一條野生魚時，才能看見牠真正的美麗。這就是我釣魚的主要原因。」

與另一個生命接觸，總是令人驚嘆、刻骨銘心。我記得自己第一次抱著艾瑪和克萊爾的時候，屏息良久，靈魂受到觸動。我並非將抱著嬰兒和捧著冷血的鱒魚相提並論，但把活生生的東西放在掌心上，見證如此神聖的存在，總使人深思眼前的奇蹟，帶來深刻的驚奇之情。

艾瑪放生第一條魚時，她抬起頭來，剛才抱住鱒魚的空手滴落著水，臉上露出一抹純粹的喜悅。「不可思議。」她說。

在斯多尼溪上的那場夏日，克萊爾也有相同的體驗。她笑得開懷，向我展示自己知道如何以敬重的心態對待魚，並毫髮無傷地釋放牠們。現在正是時候進行下一堂課了——我得教導她如何處理自己捕獲的魚。

對我而言，這並非易事。教導自己的孩子如何愛魚，以及如何殺死牠們，兩者間存有微妙的平衡，但都是釣魚技藝和生活於自然中的一部分。

——

幾天過去，我帶著克萊爾和她的表妹勞瑞回到斯多尼溪，打算將釣到的漁獲帶回家。我不卻確定該如何展示而緊張，拿起克萊爾當天捕上岸的第一條鱒魚，向女孩們指出鱒魚頭上的一個位置、位在眼睛後上方的部位。

「牠的腦袋比碗豆還小。」我說，左手緊握著鱒魚。「只要擊中正確的位置，魚就會立刻死去，毫無痛苦。」

我舉起棍子，敲下小鱒魚的頭部，牠顫抖了一下便安靜下來。我將之洗淨，放在草地上。

「我不喜歡殺魚，」我說，「但喜歡吃魚。在大自然中捕獲的野生鱒魚是最乾淨、新鮮的食物。我認為，處理自己所捕獲的魚是項榮譽，不該讓別人替自己做。」

勞瑞曾與自己的父親釣過魚，見過殺魚的過程，因此並不在意。克萊爾則面無表情，沉思著方才目睹的一切；我不確定自己的所作所為，是否讓她感到不安。我們將那天捕到的一些魚放走，只留下足夠一頓餐的量，因此殺了四條魚。我處理三條，勞瑞處理一條，克萊爾選擇不動手。她看著我們切開魚身，表情難以捉摸。我去除魚的內臟，將沿著溪邊摘採的野生薄荷塞入其中。後來，我們用奶油煎鱒魚，在白嫩的魚肉上擠了一塊檸檬，薄荷的香氣四溢。克萊爾的媽媽和阿姨品嚐了她們捕獲、準備和烹煮的食物後，對此讚不絕口，克萊爾聽見讚揚後終於微微一笑。這頓飯充滿了對大自然的敬意。

——

那年晚秋，我們在捕過許多大型鱒魚的湖上垂釣，我殺了克萊爾釣到的一條魚，艾瑪則處理自己捕獲的魚，給予冷漠、迅速的一擊，正如同我教她的那樣。我告訴女兒們，這次希望她們自己來處理魚。克萊爾在面對殺魚時感到退縮，但並不害怕在碼頭邊的台子上拿起刀剖開魚肚。她將內臟取出，拇指沿著脊椎向下滑動，除掉裡頭長長的血管。她對鱒魚的身體構造很感興趣，一臉好奇地端看鰓絲——那是鱒魚從水中吸取氧氣的方式，正是因此而使魚能夠生活在這般神祕的水下世界。

艾瑪在取出內臟的過程中相當認真，動作也很精確，她一刀平滑切下，劃開腹部堅硬的白色皮膚，露出底下鮮豔明亮的橘色肉質。她用手指打開內腔，檢查腸子和鰓絲，手一扭並將其拉出。

「這是胃嗎？」她問道，一邊以刀尖探查腹部內的突起之處。

「沒錯。」

「來看看牠吃了什麼。」她說，切開軟骨組織，擠出深色、糊狀的物質，並用幾滴水混合裡頭濕軟的泥狀物，以將物體分離出來。

黑色的微小東西在混濁的汁液中變得清晰可見，看起來就像許多個逗號。「這些是搖蚊，類似孑孓的小蟲。有數百多隻。」我說。

克萊爾看著清理台上的鱒魚。

就像艾瑪一樣，她切開鱒魚的胃部並稀釋裡面的東西，問道：「那是什麼？」

「小蝦子，有些人稱作淡水蝦。」

「牠的胃裡填滿了小蝦子，卻還想要我們的釣餌。太貪婪了。」她說道，攪動著鱒魚最後的一餐，其中包括幾十隻小蝦。

「對，鱒魚會出於本能進食——有機會大吃一頓時，牠們就會這麼做。」我解釋。有幾隻蝦還殘喘活著，牠們奮力縮緊又打開身體，試圖游泳。克萊爾將之捧起並放回湖中，目視牠們飛奔進水草叢中。我看得出來，她正在思考自然界的連結、生與死的交織。為了捕食，鱒魚殺死無害的蝦子和透明的搖蚊，而我們則殺死無害的鱒魚，以牠來果腹。

「我不確定自己是否下得了手殺魚，」克萊爾說，「但我覺得處理一些魚是件好事。不用太多，一些就好。」

我點頭表示理解。

「殺生不該是件容易的事。永遠別在沒有懷抱悔意和感謝的情況下這麼做。」

我們在清理台上洗去手上的血跡，我認為自己上的一課引發了艾瑪和克萊爾的共鳴，她們現在都認為處理野生漁獲是屬於大自然的一部分。這條紐帶穿過我們，穿過游魚，穿過昆蟲，穿過湖中的植物，將我們與灑落在水面上並攪動微風的陽光緊密聯繫在一起。我們剛才殺死了兩條美麗的鱒魚，但並沒有將牠們從食物網中完全抹除。反之，我們透過這些魚，成為自然更深的一部分。當我們吃下魚肉的瞬間，這種轉變即完成。

女孩們驕傲地將自己的虹鱒帶回小屋。我們有頓飯要做了。

捕獲

Caught

自一開始引導女兒們踏上飛釣之旅，我便希望她們能夠領悟這項技藝的冥想本質。如果她們辦到了，就會沉迷於這一切的體驗中，無需依靠捕魚才能度過美好的一天。

因此，我們升起營火，研究泥地上的動物足跡，聆聽松雞在灌叢中發出敲鼓般的鳴聲——彷彿在我們的腦海中迴響著——以及目睹遊隼像石頭一樣重重擊在獵物上。狼群在湖泊對岸以嚎叫回應我們的呼喚，潛鳥在獨木舟下游動，黑暗、顫動的陰影突然現身，隨後又消失於波紋之下。我們在河流中游泳，秋天來臨時，能夠看見熊追逐產卵的鮭魚。我們有時專注於捕魚，但也只是其中的一小部分而已。

並非每位飛釣者都能感受到沉浸於自然的美好；許多人一心只想追求戰利品，或是捕到大量的漁獲。我剛開始釣魚時，要是沒能釣到魚回家炫耀，便會覺得渾身不對勁。釣客常會以「被臭鼬攻擊」來形容沒有收穫的釣魚之旅，好似這是一件可恥的事情，發出惡臭般地令人蒙羞。我最初對成功的標準是釣到一條魚，且隨著經驗增長，開始渴望捕到更多、更大的魚。然而，我拿起飛蠅竿後，便有了不同的感受。我逐漸明白，捕魚和純粹融於自然的喜悅毫無關聯，只要單純身處其中，無需思考，在野生而靜謐的環境中漫游，便是一種幸福。我希望女兒們也能達到這般境界——意識到她們不只是在水上尋找鱒魚或鮭魚的身影，也是在追求更崇高的意義。處身在那裡，是為了感受大自然在自身周圍展開，並走上通往無處與一切的道路。

飛釣與光線受到雨滴折射有關，與黃頭黑鸝的鳴聲示意昆蟲孵化有關，與雷雨雲籠罩山頂時湖面也跟著變得深暗有關。只要能感受到這些，僅僅在水上便會是幸福的。

這正是我試圖播下的種子，而我正等待著跡象發芽。但當然，要達到這種境界，就得像我一樣釣魚。游魚會帶給她們更廣闊的經驗、遠遠超過捕魚之外的一切。

艾瑪很快便成為一名熟練的拋投者，但轉變為一名真正的飛釣者還得一步一步慢慢累

積。她在海達瓜依釣到的鮭魚正是向前邁出的重要一步。不過，還有許多試煉正等著她。

一年夏天，我們去到加拿大洛杉磯山脈的一條小溪釣魚。我在仔細挑選釣餌的同時，艾瑪獨自向上游走去，幾分鐘過後，我來到水道的彎處，看見她跪在水中，抱著一條三磅重的割喉鱒。其鮮紅的魚鰓大口吸氣，閃閃發光。她按照我教的方式握住牠，一手緊抓魚尾上方，另一手拖住前身，就在胸鰭的後方與下方。她放開雙手，讓魚游走，如一片玻璃消失在半透明的翠綠水中。

「牠吃了我的乾毛鉤。」她說，彷彿在描述一件不可能發生的事情。之後，她便一直走在我前方，向上游涉水，往急流與倒木之後拋投，釣到一條又一條的割喉鱒。大多數都有十八英寸長，有些甚至更大。牠們從卵石河床升起，攻擊艾瑪的魚餌。在沒有我的幫助與建議之下，她獨自找到魚的蹤影，並與之搏鬥。

隨後，我們坐在高高的草岸上吃著午餐，腳下的溪水碧波蕩漾。山巒高聳，我們注視水面，見到一條大鱒魚浮出以捕食浮游昆蟲，接著慢慢消失；其同步性宛如在太空中運轉的行星般美麗而精準。牠沒入水中，有保護色的背部消融於河底，墨黑斑點成了岩石間的陰影，綠色的身影則化為流水，不著痕跡。

「你看到了嗎？」艾瑪問道。

我悄悄進入水裡，拋投至我們認為魚所在之處，但牠依舊潛藏著。我爬回岸上後，魚兒又開始現身捕食。艾瑪笑了。我們看著鱒魚時隱時現，浮出水面咬取昆蟲，於雪山的倒影上留下波動的足跡，在水流中搖擺、顫動。

「太美了。」艾瑪讚嘆道。

我們依著小溪走了一整日，駐足觀看灰熊、狼與駝鹿的蹤跡，並捕捉大魚，有時還會因笨拙而將魚嚇跑。

每次的拋投都是學習的機會，我從不需要提供觀察的意見。如果艾瑪做得對，魚餌便會輕輕浮上水面，自然隨著水流漂動，鱒魚也就跟著上鉤。草率的拋投、拖曳的釣餌，或是突然落在池潭上的影子，都會驚動敏感的鱒魚，使獵物消失無蹤。一步接著一步，一次拋投接著下一次，從中學習才得以成長。

我們在水池間穿梭移動，森林、天空和山脈圍繞四方。午後，我們回到卡車上，脫下涉水裝，拆下釣竿。我知道，儘管艾瑪的生活中占有其他事物，但飛釣已毫無疑問地成為了她的一部分——她將永遠記得洛磯山脈中游動著鱒魚的潺潺流水。

一年夏季，我們飛往英屬哥倫比亞北部，抵達一座受到遼闊荒野環繞的湖泊，我們從水上飛機往下看了一小時，沒有發現任何人煙，道路和電線皆不存在。眼前只有一片無邊無際的森林，時不時便能瞥見其中所容納的生命：具有野性靈魂的河流、停留在黑色峭壁上的雪羊、從湖中湧出的駝鹿、母熊和其幼崽，以及在山坡高處滾動的岩石。

我們和另外兩家人在湖畔空地上搭起小型營地。湖泊位於高原上，盛產大型虹鱒。南邊矗立一座崎嶇的灰色山峰，遠處的西邊水面倒映遙遠的山脈，閃耀的白雪覆蓋其上，在夕陽的輝映下照出剪影。北方和東方則坐落著一片起伏不定、杳無人煙的森林，松樹和雲杉靜靜沉眠於幽謐之境。日落後，湖水閃爍，彷彿正將光芒釋回天空。

站在營火旁，火花朝著微弱的群星盤旋而上，我看見一艘雪松獨木舟停泊在附近，於黑藍交織的荒野畫布上掠過一筆綠色的優雅曲線。獨木舟錨定在柔軟、水草叢生的湖底，由一條綁著黃繩的岩石固定著。水上吹拂著難以察覺的微風，不足以激起漣漪，但足夠使錨繩拉緊，好似獨木舟正試圖隨著潮水漂入夜空。

一名年輕女子手持飛蠅竿，在一片水域上進行拋投；那裡富含石灰的泥漿上長滿水草而呈現綠色調。

我看著女兒慢慢收回魚線，並再次投向遠處的水面。艾瑪整日都忙著拋投，上岸只是為了吃一頓簡易的午餐，似乎毫無察覺從海洋升起的黑暗正漸漸籠罩周圍。我知道原因。那天，她在淺灘拋出一隻由兔毛製成的大型黑色水蛭擬餌，在沉重的釣餌飛過頭頂時，身體傾斜並低下頭以避免被擊中。她將魚餌拉回，緩緩收線，魚則在水中擺動掙扎，猛烈的拉力立刻襲來，將釣竿的頂端拉入水中。那是一條虹鱒，可能是湖裡十八磅重的大魚之一。竿尾撞上艾瑪的腹部，魚線拉得緊繃，巨大的重量從深處湧來。她努力抵住大魚的攻勢，感受軟木柄在手中彎曲。

飛釣是一種發自內心的體驗，視覺、聲音和光線都是刺激元素，但最令人興奮的非觸覺莫屬。魚衝刺時，釣竿會震動；魚掙扎時，釣竿會受到猛烈拉扯。水草會慢慢附著在魚線上，沉重感隨之加深，接著突然的鬆懈表示脫鉤，或是釣線斷裂。

艾瑪被那條大魚的力量嚇了一跳，那是她釣過最大的鱒魚。她驚訝地看著釣線劃破平坦的水面，嘶嘶作響。

很難估計躲在深處的魚有多重，牠們感覺起來比實際上更大，但這條魚高高跳出水面，重重墜落——這是我們所知的湖中大魚。牠是一名獵人、頂級的掠食者，從深處巡航至水草床，現在正拼命試圖甩掉卡在嘴裡的釣餌。

艾瑪只是緊緊抓住，希望在釣線從猛烈旋轉的線輪上完全脫落之前，魚能夠停下掙扎。

接著，鱒魚改變方向，穿過海草床，釣線隨著海草的堆積而不斷增加重量，魚便如此逃走，釣線鬆脫並浮在空蕩蕩的湖面，毫無生氣。

她十分吃驚，幾個小時過去後還是放不下那場挫敗。

於是，她又回到了原地，錨定在發亮的泥灰河床上，以大樹、帳篷和山來定位獨木舟的位置。她試圖重新建立連結，以數百次的拋投尋找鱒魚，受到牠或許還在那裡的希望所鼓舞。再來一次。或許。或許。或許。

她釣過一些五磅重的大鱒魚，但真正渴望的是在湖裡徘徊的巨型鱒魚。畢竟，我們飛到山中，就是為了有機會能捕到如此巨碩的魚。看著她拋投，我的眼睛緩緩染上夜色，並意識到，艾瑪自兒時起便和我一起遊歷無數的湖泊和池潭——她已經成為了一名真正的飛釣者。雖然還是個十幾歲的少女，但在經歷於碼頭上釣海鯽、在寒風吹襲的湖上獵捕小鱒魚——成群結隊的黑蠅在一旁飛舞，熊則在沿岸的泥地上留下足跡、在帳棚裡醒來時聆聽貓頭鷹於寂寞的黑夜中發出呼喚，以及聽見數億隻蟋蟀在河流的岸邊鳴叫之後，大鱒魚便帶著她的心進入了黑暗的水中。

此刻，正如我年少時一樣，她因失去一條大魚而受到激勵。

那晚，她高興地展示了自己捕獲的鱒魚，其中還有一條跳過獨木舟，迫使她彎下身閃躲，但仍為那條逃脫的巨大虹鱒搖搖頭，感到難以置信。

「就跟石塊一樣重。」她說。

克萊爾跟著她在湖中釣魚，但並未失去獵物，且很開心能在營火旁工作，幫忙準備晚餐。對她而言，飛釣仍只是一種和所愛之人在戶外共處的活動。儘管她總是樂意與我一起到水邊釣魚，但那在她生命中似乎不是如此重要。我意識到，克萊爾也許不必釣魚，因為她老早便取得了成功，使她認為水中的魚兒都在等著自己的到來。

幾年前的夏日，我們住在一間湖畔小屋，我將克萊爾留給瑪姬照顧，因為自己租來的划艇對三人來說太小了。艾瑪和我忙著準備釣具，克萊爾則躺在碼頭上，透過木板向下凝視。在她腳下，一個祕密世界展開，幾條大鱒魚悠哉遊動著。我們划船離開時，克萊爾站起身並拿出釣竿拋投，讓魚餌漂入陰暗之中，進到她所發現的隱密之境。

兩位漁民朝著我們而來。他們配備昂貴的飛蠅竿，穿著有多個口袋釣魚背心，並戴著奧維斯的棒球帽，宣示自己對高級漁具製造商的忠誠。

「一條魚都沒有。」我們的船經過時，其中一人如此說道。他舉起雙手，彷彿在哀嘆漁神拋棄了他們。

正在此時，克萊爾的釣竿深深彎曲，一條虹鱒在兩艘船間翻騰、濺起水花，一路衝回碼頭下方。克萊爾奮力撐住攻勢。魚將釣竿頂端拉入水中並使其在碼頭下折起，接著又跳到碼頭的另一側試圖逃脫。

克萊爾低頭看向眼前的水域，鱒魚卻在她身後拍打著水面。現場一片混亂，男人們開始大聲呼喊，瑪姬和艾瑪也跟著歡呼起來。

「萬歲！」艾瑪喊道。

克萊爾將釣竿頂端繞過碼頭一端，如此便能面對這位敵手——她拒絕屈服。我爬回碼頭時，鱒魚已經在她腳下的水中濺起水花。我放下網子，撈起一條四磅重的虹鱒；就任何人看來，這都是一條大魚。剛剛繞過湖泊的兩位釣客看似低落，一副垂頭喪氣的模樣。

「我們整個上午都沒有魚上鉤。」其中一人說道，推著他的奧維斯棒球帽。

我取出釣餌，克萊爾輕輕握住魚，然後將牠放回水中。她看著魚兒奔向遠處，一臉驚奇。因為那一日的經歷，她總是以平靜的心態釣魚，知道時候到了，大魚便會自己找上門。

我們在湖畔的最後一晚，群狼開始嚎叫。女孩們睜大雙眼聽著，克萊爾也跟著還以嚎

叫。半晌過去，狼群回應，好奇、興奮，質疑從黑夜的幽暗中傳來的高亢甜美之音。艾瑪也加入其中，女孩們和野狼互相歌唱，直到森林又再度陷入一片寂靜。

綁製釣餌的魔法

Fly Tying Spells

艾瑪和克萊爾很快便體會到，在水邊見證鮭魚奔馳過拋投範圍，或是鱒魚升出水面以捕捉誘餌時，所感受到的不可思議。將魚抱在懷中，她們瞭解了魚的驚人之美。她們擁抱了飛釣的儀式：祭服、祈禱和犧牲。

為了讓她們更深入理解，我決定再教她們綁飛釣餌，並學習如何自製，在鉤杆上打結，模仿昆蟲和小魚。

以飛釣餌捕魚是種非凡的體驗，但釣魚者用自己製作的釣餌捉到魚——無論是自己憑想像織出的，或是嚴格遵循大師在經典中列出的規則所繫上的——能夠抵達更高層次的領悟。有數百本教學書可供選擇，而我最鍾愛的一本是彼得．蓋瑟寇爾（Peter Gathercole）的《飛釣擬餌綁製聖經》（*The Fly-Tying Bible*）。我以它來引導女兒們進入這晦澀、黑暗的技藝。

我坐在綁製飛釣擬餌的夾具前，做了一個「米奇．芬恩」釣餌。這種釣餌相當簡單，有著類似米諾魚的圖案，對於初學者來說是個很好的開始。我挑剔地看著眼前的作品，將之舉到書上的插圖旁。它並不完美，於是我剪去釣鉤上的材料，重新嘗試一遍。克萊爾和艾瑪在一旁觀摩，等著輪到自己綁製釣餌。製作正確後，我綁了兩個相同的釣餌，並將其放置於盒中。

克萊爾和艾瑪以靈巧的手指做出自己的飛釣擬餌。我坐在一側，她們快要做錯時，便會輕輕戳一下提示。綁製釣餌時，材料必須按照規定的順序分層放置，讓所有組件都保持在正確的位置上，才能在末端整齊綁在一起。若忘記一個步驟，就得全部解開，或從釣鉤上剪掉材料，然後重新開始。我們從簡易釣餌一步一步嘗試到繁雜的樣式，從像「米奇．芬恩」這種有大翅膀的樣式（大約有成年人食指一樣長），到模仿昆蟲或小蝦的擬餌（小到可以放在指甲上）。

一晚，女孩們在小屋裡綁了自己的「南瓜頭」釣餌。那是一種綠色的小型擬餌，鉤眼附近有橘色珠子，是模仿蜉蝣或豆娘幼蟲的樣式。無論它更像哪種蟲類，都會吸引魚主動上鉤。隔日，女孩們以「南瓜頭」捕獲了幾條虹鱒。她們展露笑容，因為自己紡出一隻能騙過鱒魚的擬餌而更有信心。她們不只學會投下釣餌，更學會往流水施下法術。

——

我的辦公室裡放有成箱的綁製材料，全都是在野外收集、朋友贈送，或是購買而來的。多年來，我打造出了自己的方舟，存放許多稀有動物的樣本。

我去了位於加拿大西北地方的黃刀鎮——因掏金而興起的大奴湖畔小鎮——在那裡的一家原住民工藝店買了些最稀有的材料：北極熊、狼和北極狐的皮毛。店裡的裁縫師是一名特力丘族的女子，她身上散發著煙燻鹿皮的香甜芬芳，專門製作飾有河狸皮毛的珠繡莫卡辛軟皮鞋，以及帶有狼毛領子的連帽大衣。我花了五塊錢跟她交換一個裝滿廢品的紙袋。

「你要這做什麼？」她問及那些破爛的毛皮條。

「綁飛釣擬餌用的。」我回答。「我會拿來釣狗魚、湖鱒和茴魚。」

她仔細端詳了我片刻，觀察著我的神情，似乎想看透我內心的深處。「那就好。」她最後說道。「能讓那些皮毛再次狩獵，是件好事。」

釣餌盒中的許多羽毛都是從各處撿來的，但也有些完整的野雞和松雞皮毛是從打獵的朋友那裡取得的。朋友們都知道我會綁製飛釣擬餌，並將他們的廢棄物當成寶藏般珍惜。除了在黃刀鎮買到的北極熊和狼毛之外，我的材料也包括犛牛、麝牛、鴕鳥、藍鷺、黑熊、貓頭鷹、啄木鳥、馬鹿、鹿、山藍鴝，以及各類家禽的皮毛。有些樣本經過染色，將霓虹和閃光效果帶入自然色調中。

我打開儲物箱，擬餌材料折射光芒，吸引人們伸手觸摸。然而，唯有經過巧妙地排列、牢固地綁繫在鉤杆，並放置於水中後，這些材料才會真正活起來。從雞身上取下的捲曲羽毛模仿昆蟲的腿部，會隨著水流彎曲，或隨著微風在水面上徐徐游移。火雞羽毛非常輕盈，可以像鰻魚般在水下波動；一束北極熊的毛髮會使光線產生變化，看似米諾魚半透明的背部。類似塑膠材質的幾縷閃光紙彷彿由閃電的碎片製成，會在黑暗的水域中像氣泡一樣閃閃發亮，吸引掠食性魚類的注意。

只要擺過鮭魚河之上，於湖中的水草床上緩緩移動，在水面上顫抖著腿、豎起毛，我在夾具上綁製的釣餌就會展現栩栩的生命力。若是幸運，魚一看到就會出於本能地顫抖。魚有時也會興致缺缺——擬餌以奇怪、不自然的方式移動時，便是在警告魚兒自己不是活體，不值得捕食。失敗的釣餌很快就會被閒置在釣餌盒中，最終遭到丟棄，或是被剝成光禿禿的魚鉤，重新回到綁製夾具上。不過，魔法有時也會有發生；魚會被釣餌折射的光線，或者形狀，或者毛皮和羽毛的自然運動，所反覆吸引上鉤。

「我在綁製釣餌的時候，永遠不會知道它是否有效。」我們坐在夾具旁時，我如此告訴女孩們。我研究了大師寫下的書，試圖仿效他們，但通常都無法複製出其完美的外觀和複雜的細節。一個綁得好的飛釣擬餌就是藝術品。相比之下，我的往往都看起來相當笨拙。不過，綁得難看，有時卻足夠發揮效用；它們會使魚兒如著魔般上鉤。

一隻小蝦釣餌在我的綁製夾具上誕生。它的腿由修剪過的羽毛組成；綠色紗線裡頭纏繞一縷閃光紙；一條塑膠製成的背部；覆蓋硬化透明膠水的外殼。它看起來並不完全像隻真正的蝦子，但毫無疑問地具備蝦類的特徵——而且還能捕到一條又一條的魚。成功捕捉二十條鱒魚後，我將其從釣線上剪下，好好收放在釣餌盒中，生怕給弄丟了。後來，我把它置於放大鏡下，想研究是什麼讓它如此獨特、不可抗拒。

「為什麼這隻釣餌比我曾經綁過或買過的任何蝦子樣式，都還能捕捉到更多的鱒魚？」我問女兒們。我們深深沉思，將之反覆擺弄於手中，並來回傳遞給對方，舉在空中觀察那半透明的身體中是否藏著什麼東西。

「我看不出來有什麼不同。」艾瑪說。然而，正是看不見的事物使它變得神奇，彷彿其中深藏著某種魔法。幾個世代以來，飛釣者都在努力試圖揭示這種祕密。到目前為止，仍未有人成功過。

—

有一次，我拜訪了一名捕蝦的漁夫，坐在他位於陽光海岸地區的家裡，看見客廳的茶几上擺著一個捕蝦籠子。

「我的妻子離開我了。」他說。「所以，沒錯，只要我想，我就能把捕蝦籠子帶進屋子裡來。」

他的房子、車道上的卡車，以及碼頭上的商業捕蝦船，都是由他多年來的漁獲支付的。他熟悉潮汐，熟悉船隻，熟悉蝦類，熟悉陷阱。

「但這籠子，」他說，「對我來說是個謎。」

他在喬治亞海峽中設置了一條長形陷阱，並使其沉入海底兩百英尺的深處。他拉回陷阱時，有時全滿，有時全空，有時則只有幾隻蝦。

但是每次裝上甲板時，總會有一個籠子滿載而歸。

「所有的籠子都用同樣的誘餌，」他看著茶几上的籠子說道，「但這籠子總是裝滿蝦子。我拉起一整排陷阱，大多數都一無所獲，唯有這個收穫滿滿。一向都如此。無論如何更改位置，這個籠子總是能捕到蝦子，其他則一點收穫也沒有，或者是它捕到的數量遠遠超過其它籠子。」

他的語氣相當沮喪，甚至帶有些微憤怒。

「這有什麼問題嗎？」我問。

他嘆了口氣。「問題是我不明白為何只有這個籠子有效。如果能有二十個這樣的籠子、一百個這樣的籠子，想像一下，那會是何等的豐收。那時候，我就發達了！」

每當漁季結束，他都會將籠子帶回家，放在茶几上，慢慢用空啤酒瓶圍繞它，猶如一座祭壇，整晚都目不轉睛地盯著它瞧。漁夫在手中轉動籠子，如同艾瑪和我轉動那神奇的蝦型釣餌一般，從各個角度仔細檢視，彷彿光線能揭示其中隱藏的祕密銘文。

「有時候，我想將它拆開，一塊一塊徹底研究。」漁夫談及他的籠子時這麼說道。「但我又擔心可能無法將它好好組裝回去，改變了原本的運勢。」

他擔心若觀察得太徹底，魔法便會被打破。

「這也許是種有靈力的東西。」他的水手這麼說。水手和他共度許多夜晚，幫他喝掉啤酒，談論謎一般的陷阱。「它蘊含神祕的力量，最好別搞砸了。」

「不會的，但我得瞭解其中的祕密。」船長說。「我有時候會把它留在家裡，只想看看其它籠子會不會有更好的收穫。但結果並不好。現在，我將它放在一旁，心想：『如果這是我最後一次看見它，該怎麼辦？要是我丟失它了，該怎麼辦？』因此，我得破解其奧祕，這樣才能做出另一個來。」

我對自己綁製的釣餌也有同樣的感覺。若捕到一條大魚，我通常會將釣餌剪下並放於盒中，以便日後好好研究並試圖複製。這是個徒勞的行為。

一次，我用朋友綁製的「綠尾臭鼬」釣餌捕到一條大型的硬頭鱒。這隻釣餌原本應該有一條紅色小牛毛尾巴、黃綠色的繩絨尾端、深紫色的繩絨身體和白色纖維的翅膀。然而，他因為沒有紫色繩絨而採用黑羊毛代替身體，翅膀也太過稀疏，看起來就像材料快用光了一樣。尾端的部分本該小巧，但卻太長而覆蓋住半個身體。這是隻醜陋的釣餌，但十分有效，且非常致命。我綁了六個一模一樣的釣餌，但卻未能抓到一條硬頭鱒。我的複製品缺乏了某些看不見的東西，唯有他的作品才具有真正的魔力。一日午後，朋友綁的那隻醜陋釣餌迅速穿越池潭時，意外吞沒於巨大的漩渦中，消失無蹤。

「那是條非常大的切努克鮭。」我的朋友尼克說，他一直在觀察著釣餌於池子裡游盪。我收回鬆開的魚線。

「那是我最好的硬頭鱒釣餌。」我看向斷裂的導線說道。「我就是用那隻『綠尾臭鼬』釣到湯普森河的大型硬頭鱒。」

「哦。」尼克本來可以用謊言來安慰我，說：「你可以再綁另外一個的。」但他自己也熟諳綁製釣餌的技藝，深知事實並非如此。

「你現在完蛋了。」他說。

偶爾，我會想起那位漁夫瘋狂地試圖破解謎團，並告訴自己不要鑽牛角尖，過度思考釣餌存有的巫毒特質。有些釣餌能夠施展法術，有些則不然。最好的辦法就是繼續拋投，享受那些降臨於自己身上的魔法。

綁製釣餌是一項安靜的活動，如同森林浴或飛釣，通常最好獨自進行，但也適合與他人分享。我喜歡和女兒們坐在一塊兒，向她們展示如何綁製我最愛的樣式。

「就像烹飪一樣，」我告訴她們，「按照正確順序添加正確的食材，就能得到香甜蓬鬆的蛋糕。犯下一個錯誤，就會得到無味的麵團。」

她們很快便學會將線固定在鉤杆上、分層放置材料，做出牢固結實且外型美觀的釣餌。艾瑪做事井然有序；她仔細地將每個部分放在適當的位置，若作品不如書中那般好看，就會嘗試到滿意為止。克萊爾則是個隨興的人，她的飛釣設計總是異想天開。釣餌綁製就像一門瘋狂的科學，許多最好的釣餌與自然界的任何事物毫無關聯，但能夠被編入指南的樣式皆有其原因。書籍提供詳細的步驟教學，展示如何綁製數千種捕捉鱒魚或鮭魚的釣餌，而當我們在製作的過程中參考內文時，我都會溫柔地鼓勵克萊爾嚴格遵循說明操作，因為這些規則都是由專家所制定，有些甚至已流傳了好幾個世代。不過，她通常不怎麼理會，帶著她那忽略大師的教導、自行改造的樣式來到湖邊——並釣到了魚。因此，創造過程不可預測的神祕特質，常常使我困惑不解。

在聖誕節或是生日那天，我經常會收到克萊爾給的小包裹，裡面裝有她綁製的野生釣餌樣式。有一次，她送了我一個小雪松盒，蓋子上刻有飛釣的場景，裡頭有各種自製的鮭魚釣餌，皆是動人的亮粉色、綠色和紫色，看起來就像少女的耳環。

「生日快樂。」附上的便條上這麼寫道。「我很幸運有你這位爸爸。你無限的支持和鼓勵成就了我的人生，我非常感激！和你還有媽媽一起度過的時光真的很快樂。這些釣餌比起我丟失你的那些相比不算什麼，但會慢慢開始取代我在海草床和戰利品的嘴中所留下的釣餌。」

便條最後畫有一個愛心符號。

那個盒子如今只剩下一隻釣餌了。多年來，一些釣餌捕獲了數十條粉紅鮭，其他則消失在魚的嘴中，或沒入水底的陰暗。有些也可能轉移到其他釣餌盒中。當我在水上舉辦盛大的派對，邀請鮭魚親自上鉤時，我希望這些狂野、明亮的誘餌能夠重新出現並派上用場。不過，我從未丟失過這張便條。我始終都妥善保存著，視若珍寶。

冬季的天氣時常太過惡劣而不適合釣魚，我這時會獨自綁製釣餌。如同飛釣或繪畫，綁製釣餌需要一定的專注力，是能使人放鬆的活動。此外，它也能喚起往日的回憶。手上綁著蝦子的樣式，我便會想起那日在寧靜的湖上，將長長的浮線投向清澈的鏡面。那款釣餌呈灰、綠色，閃閃發光，只要輕輕一動，虹鱒便會從水草中湧出並將其吞噬。它具有特殊的力量，可以吸引一條又一條的魚兒上鉤。

有些釣餌就是有效。

朋友哈維曾向我求助，說自己丟失了我送給他的釣餌。那釣餌呈藍、紫色，曾經捕過銀鮭、硬頭鱒、虹鱒和花羔紅點鮭，可謂戰績豐盛。

「你能再給我做一個嗎？」他問道。

我綁製了六個。幾周後，他又寫信給我。

「這款樣式能夠釣到所有魚。」他說。

我不清楚原因為何，看著那款釣餌在水中擺盪時，只覺得它太過輕薄。我著手綁了一隻粗壯的「侵入者」釣餌，這種樣式本該有著大大的外型，因其侵入鮭魚的棲息空間並引發攻擊而得名。但不知怎地，我最後做出一隻如水蛭般滑溜的小釣餌——而即便如此，它也能在沒有水蛭的水域中釣到魚。

一日下午，我看著哈維在溪流中使用那些釣餌。我覺得自己做的這種款式非常差勁，完全不像入侵者或肥美的餌魚，反而更像條瘦弱無力的小魚。

然而，它卻將魚從深處召喚出來，在水中浮動，每當哈維向下游邁出一步或是一動釣竿時，羽毛都會顫抖、做出動作，並隨著光芒閃爍。他拉回魚線時，釣餌看幾來相當恐慌、脆弱不堪，到處橫衝直撞，且不知何故，那種富有生命的顫震自我的雙手在最初握起那死寂的鉤杆後，便一直源源不絕地出現。

「魚上鉤了。」哈維在幾分鐘後說道，他的釣竿因鮭魚的重量而彎曲。在池潭的深處，一條銀色的魚閃現身影。「我就告訴過你，這很有效。」

—

我第一次拿到飛蠅竿後，很快便相信飛釣的力量，因為我很幸運地從父親在《維多利亞每日時報》的同事那裡得到一隻「米奇．芬恩」釣餌。亞瑟．梅斯是一位出色的作家，他在報紙專欄上有時會談論到自己對飛釣的熱愛。他想支持我對這項偉大運動的興趣，於是送來一些證明有效的樣式，並寫了一張紙條，鼓勵我開始自己綁製釣餌。信封裡裝有他以前用來綁製的材料和羽毛，還有一個看起來像聖餐餅的蜂蠟圓盤——用於將綁線沾黏於釣鉤上。我已經擁有這個圓盤整整五十年之久，終有一日會將其傳承給女兒們。

亞瑟告訴父親，「米奇．芬恩」釣餌是用於尋找洄游割喉鱒的好樣式。我一直遵照建議使用這款釣餌，直到它有一天消失在大鱒魚的口中。傳統上，這種釣餌是以染成紅、黃色的鹿毛或牛尾綁製而成，鉤杆上包裹銀色閃光紙，尾端掛有亮紅色的線。其外觀模仿米諾魚，即便顏色不自然，仍會吸引割喉鱒。這是我最愛的早期釣餌，有一段時間成為穆爾溪的專屬樣式，雖然我很快就發現其他同樣有效的款式。

「米奇．芬恩」的發明歸功於魁北克的釣餌綁製者——夏爾．朗之萬（Charles Langevin）。他在十九世紀開發這款樣式，最初稱其為「刺客」。約瑟夫．康爾沃（Joseph Cornwall）在自己的書《在溫暖河水上飛釣》（*Fly Fishing Warm Water Rivers*）中說道，這種紅、黃色的樣式在一九三二年得到美國人約翰．奧爾登．奈特（John Alden Knight）的讚揚。奈特根據太陽和月亮的影響，訂定出預測捕魚的最佳時刻表，受到各家報紙廣泛發表。人們很快便開始採用這種時刻表來計畫自己的釣魚之旅。

當時頗受歡迎的加拿大記者葛列格里．克拉克（Gregory Clark）曾為《多倫多星報》（*The Toronto Star*）撰寫文章（並與另一位同樣熱愛飛釣的年輕記者海明威成為好友），指出奈特對加拿大飛釣的認可。克拉克在他的專欄中提及這種釣餌樣式，並以使他成為知名作家的大膽風格，描述這種釣餌就像摻入烈酒的飲品——米奇．芬恩酒——一般十分危險，一口就能使受害者不省人事。這道新名字就此沿用下來，原本的「刺客」頭銜很快便受到遺忘。

有人說，這種釣餌早在朗之萬之前就已存在，只是被稱作「紅黃鹿尾」。無論起源為何，毫無疑問地，它非常有效，而且似乎對任何種類的魚都能起到作用。

——

一年冬季，哈維抱怨自己在一條鄰近海岸的河中，看見許多洄游的割喉鱒，但只用「糊塗小魚」才捕到一些。那是一種有大型、濃密羽毛頭頭部的釣餌，模仿杜父魚，是我們最喜歡的釣餌之一。見到鱒魚只稍微試探釣餌，他說：「牠們不是真的對那釣餌感興趣，只是時不時攻擊它而已。」

魚兒不確定那是否是獵物，牠們無精打采、興致索然。我告訴他試試「米奇．芬恩」——我自兒時就用來捕捉割喉鱒的樣式。隔日，哈維發給我一張鱒魚的照片，足足有四磅重，嘴裡還卡著那隻紅、黃色的釣餌。

「送給你這張聖誕照片。」他寫道。「割喉鱒和『米奇・芬恩』。」幾天後，他又發了同樣的釣餌照片，但這次，釣餌是掛在十磅重的的硬頭鱒嘴中。

那場冬季，當女孩們不忙於學業時，我們會坐在綁製夾具前，製作一些釣餌，為明年夏天的露營旅行做好準備。我們將會前往溫哥華島西岸的一處偏僻海灘，或許能在那裡的海藻床附近捉到一些黑海鱸。

我看著艾瑪仔細綁製「米奇・芬恩」。她對任何事情都充滿決心，從不灰心喪志，手指也比我靈巧。她小心翼翼，將毛髮綑綁在釣鉤上，動作十分精確。

「紅、黃色的小牛尾巴，一些銀色的閃光紙，」她列舉出材料，「還有別的嗎？」

「還有，」我說，「很多的希望——都加進去。」

她疑惑地看向我片刻，不以為然地搖搖頭。對她而言，編造神話毫無意義。

但是克萊爾俯身下來，以手指做出灑下的動作。

「還有一點點魔法。」她說。

海斯基特

Hesquiat

三十年來，我的四位朋友都擔任過斯達柯納公園小屋的野外導遊，夏天至少會空出一段時間在海斯基特半島上的海灘上相聚。為了給帳篷和營火騰出空間，他們在茂密的白珠樹叢中開闢空地。白珠樹是一種下層灌木，常見於太平洋西北雨林中，生有粗糙綠葉和表面毛茸茸的藍色漿果，會吸引熊類前來進食。生食對人類來說太過毛糙，但煮熟軟化後，能為食物添增愉悅的酸味。

瑪姬的兄弟克拉克、其伴侶邦妮，以及他們的老友道格與蘇，邀請我們參與他們每年一度的夏季逃亡之旅。我們和女兒們一同摘採白珠樹的漿果，將其添加在煎餅上，享用著沿海原住民數千年來都在品嚐的酸甜口味。先民常會生吃漿果，或混和鮭魚卵食用。他們從蠟魚身上提煉出清澈、苦澀的油，並將漿果沾入其中。蠟魚是一種脂肪非常豐富的胡瓜魚，經過乾燥後，只要用火柴點燃，其身體就會如同蠟燭般燃燒起來。

蠟魚生活於海洋中，但會像鮭魚一樣返回淡水產卵。回顧歷史，牠們洄游的數量如此之多，大量的魚群湧入河口時，水面會變得漆黑一片。飛鳥如烏雲盤旋於上方，海鷗和燕鷗瘋狂地俯衝而下，而海獅、鮭魚和海豹則從下方朝魚群猛撲。村裡的人見狀都激動不已；他們知道一場盛宴即將開始。

蠟魚會於初春時節（通常是在復活節前後）返回河流，在原住民族經歷了飢餓的漫長凜冬之後，提供當地社區一年中第一批的豐盛食物。早期的傳教士抓住機會，將復活節慶祝耶穌重生的概念，與貧冬的結束相互結合。他們將蠟魚稱作「救贖之魚」或「救世者魚」，並把牠們返鄉的行為歸因於上帝的作為。我們在海斯基特露營的地方曾是努查努阿特人的領地，他們主要從事捕鯨活動，若有蠟魚的話也會捕撈，且肯定會與其他部落交易蠟魚油——那在很久以前是很有價值的商品。一七七八年，詹姆斯．庫克船長（Captain James Cook）駛入努特卡海峽，因購買海瀨皮毛而破壞了當地的原住民經濟。

自九〇年代初起，蠟魚開始在英屬哥倫比亞的許多河流中瀕臨絕跡，其中包括貝拉庫拉河、金斯奎特河、歐維基諾湖、金科姆河、烏努克河，以及其他大陸沿岸的河流。在面臨絕跡之前，牠們曾大量湧現於該省的三十三條河流中；僅一條夫拉則河就估計有重達數千噸的魚群。如今，夫拉則河與其他的大陸河流中，僅剩有少數零星的魚群迴盪於其中。

在溫哥華島上，鱲魚過去已知存在於索馬斯河中，但尚不清楚其他的島嶼流域是否也有牠們的蹤跡。現在，島上已很難再看見如此光景。

鱲魚仍會在一些大陸河流中產卵，其中一大部分聚集在溫哥華島的西岸附近，那裡豐富的食物來源依舊吸引牠們前來覓食。不幸的是，吸引鱲魚的水域也同樣吸引蝦子，而這讓拖曳巨大漁網的捕蝦船有了動機，將蝦子和鱲魚都捕獲殆盡，宛若蝗蟲過境。直到鱲魚在其分布範圍內的河流中大量銳減之後，政府的漁業生態學者才意識到，商業漁船正在溫哥華島的近海屠殺無數的幼魚。他們在捕蝦網上安裝特殊的閘門和燈光，以減少不必要的鱲魚遭到捕獲，但一切都無濟於事，救世者魚早已滅跡。

我站在海灘上，望著滾滾的波浪，知道在海的深處，仍游著最後留下的魚群，牠們聚集成巨大的雲朵，隨後又在瞬息間消逝無蹤。我轉過身，看見一縷煙從我們的營地冉冉升起。我們在海斯基特半島上的省立公園附近紮營，背後的群山坐落整片空蕩的傷口，放眼望去皆是棕褐的瘡痍——那裡的古老森林已成過往雲煙。反觀之下，公園依舊矗立著鬱鬱蔥蔥的森林，寧靜籠罩著一片美好翠綠，如此的對比令人不忍直視。

我走在海風吹拂的岸邊，聽著海濤與女兒們的歡笑，心中感到一股翻騰。身處於大自然為生活帶來恩典，孩子們也樂在其中；她們喜歡在帳棚裡睡覺，並在黎明時起床，也喜歡在深暗的樹林中圍著營火而坐，將暗夜推至遙遠一方。能夠在這裡，和女兒們分享這些感受，使我快樂無比。然而，遠處被無情肆虐的赤裸山脈也時時刻刻提醒著，我們紮營的所在位於邊緣，陸地與海洋之間，兩種偉大的生命形式——成群的蠟魚和太平洋西北的古老雨林——面臨著生存的困境，正在進行最後的抵抗。

我受到美麗所包圍，但同時也清楚地意識到，女兒們這一代所繼承的自然遺產被揮霍到所剩無幾。捕獵者、毛皮商和殖民者首次來到加拿大地區後，便著手開發利用自然資源，至今已經長達四百多年，且絲毫沒有減緩的跡象。現在，我們即將面臨資源耗竭，駝鹿、馴鹿、鮭魚、蠟魚，甚至是荒野本身，都在步入消亡。除此之外，氣候危機的問題也極為嚴峻；這顆受盡掠奪的星球正在不斷升溫。那晚，我聽著孤狼在遠處呼喚，並陷入夢眠。嚎叫來自山中的某處，似乎是迷失了方向，迫切尋找著什麼。身處於黑暗中，那提醒了我有多少事物是岌岌可危的。

——

我們在海斯基特度過了愉快、輕鬆的時光，從營地出發探索，到遠處的水流中取回飲用水，採摘會弄髒手指的白珠樹漿果，在結殼的岩石中收集紫殼菜蛤，並在近岸水域的海草森林中捕捉鱈魚。我在海草床上投下「米奇．芬恩」——和女兒們一起綁製這個釣餌的時後，我正好夢想著如此的美好時刻——將上鉤的黑海鱸拉上水面。為了捕捉潛伏於深處裂隙中的潯鱈，女兒們採用旋繞竿，將重型釣鉤拋下船邊。她們拉上色彩鮮豔的潯鱈，並自豪地將漁獲帶回營地。有些日子，我們能完全仰賴土地與海洋而活，收穫自己所需要的所有食物。

根據G．P．V和海倫．B．艾克力格（Helen B. Akrigg）編寫的《英屬哥倫比亞地名》（*British Columbia Place Names*），海斯基特一詞在努查努阿特語中的意義為「發出食用海草上的鯡魚卵聲音之人」。我們並未找到任何鯡魚卵——它們會像小小的晶瑩珍珠一樣附著於海草上——但若找到了，也無法安全食用。採摘鯡魚卵是原住民悠久的文化傳統，但現已成了危險的活動。由於沿海地區的海水升溫，這些魚卵可能帶有霍亂的風險。溫哥華島的省級衛生部於二〇一九年表示：「有證據表明，霍亂弧菌的感染風險會隨著氣候變化所帶來的氣溫上升而增加。」這又是另一項損失，世界的繽紛與富饒又少了一種美好。

生活在兩個世界的邊緣，紮營在海浪聲不斷的地方，看見沙灘上閃耀著燦爛月光，聆聽森林在夜晚默默低語——即是感受自己既屬於陸地，也歸於海洋。生活於如此的環境，很容易理解為何西岸原住民會相信人類是由動物或海洋生物轉變而來的。身處於營地中，我感受到人類與自然世界的隔閡慢慢消失。

一次，當瑪姬和克拉克帶著艾瑪出去划船時，一頭鯨魚的偌大影子從他們的獨木舟下方掠過。一頭海洋巨物緩緩浮出水面，彷彿黑暗頓時湧現。牠噴出一股水霧，在空中飄盪，籠罩住整艘獨木舟。

「聞起來像腐爛的高麗菜。」瑪姬說道，而艾瑪則摀著鼻子笑了起來。

「臭死了。」她說。

鯨魚的呼吸中充滿魚油的氣息，我不禁思考他們是否聞到了蠟魚，即便從未見過牠們的身影。

我們經常跟隨潮水沿著崎嶇的黑礁漂流，將釣餌投向海草床的邊緣。海浪不止息的拍打聲、海鷗尖銳的叫聲，以及海豹在附近水面浮出並展露的驚恐表情，都使女孩們深深著迷。她們從未抱怨過，即便克萊爾有一次因暈船而臉色蒼白；我們釣了幾小時的魚以尋找晚餐的著落，她們也沒有顯露出絲毫厭倦。

我們在海斯基特附近尋找巨型鱈魚，希望能釣到一條以舉辦盛宴。然而，牠們已經變得罕見，大部分都在西岸被遊釣人士或商業漁船捕撈光了。我們沒有釣到大魚，而是捕到小得多的潯鱈和黑鱸。我們只留下足夠的漁獲來製作一頓餐。那夜，在深邃如大海的天空下，我們圍坐在營火旁，我開始講述起自己所見過的最後一條巨大鱈魚。

我兒時常常在薩尼奇內灣釣捕藍背鮭，那些鮭魚都在海中生活大約有一年。牠們側線以上的顏色和黃昏過後的晚霞一般，染有深沉的藏青色，這即是其名字的由來。我們在以百力通引擎發動的小船後方，拖曳著「麥克・芬恩」和其他鹿尾釣餌。父親喜歡駕駛船，依著沿岸行駛，直到一條小鮭魚（通常重約兩磅）從水中衝出並拉下釣餌。這時，我們便會停下船，以輕便的飛蠅竿對付牠。

與父親搏鬥的鮭魚潛入船底深處，接著猛力一拉，彷彿一瞬間變得更加強悍。牠慢慢浮出，對於這麼小的鮭魚來說，似乎不可能以如此野蠻的力量抵抗攻勢。

「感覺好奇怪。」父親彎下身說，手中緊握著釣竿。「我到底釣到了什麼？」

我拿起漁網，俯身到船尾並凝視水中。接著，一個巨大的褐色身影浮現，其兇惡的黃色眼眸瞪視著我，從漆黑的水底衝了出來。巨大鱈魚的臉孔離我只有幾英寸的距離，牠的下顎長滿利齒，彷彿正呲牙裂嘴地笑著。牠長開大嘴——鉤住父親釣餌的小鮭魚就困在牠的嘴中，雙眼都凸了出來。巨魚闔上嘴時，將鮭魚活活咬成兩半。牠快速移動巨大的頭部，吞下獵物碎成兩半的屍體，徒留魚皮碎塊和閃閃發光的鱗片在水中旋轉、漂蕩。

「我永遠忘不了那巨魚的嘴。」我說。「我以為牠會撲過來咬住我的頭，但牠最終慢慢沉入了水底。我最後看到的，是牠發光的黃色眼睛，在黑暗的深淵裡漸漸消失。」

我的鬼故事讓女孩們不寒而慄。一段精彩故事之後總是充斥寂靜，我們在靜默之中，見證一塊隕石碎片劃破地球大氣層。當流星越過大海和沉眠的魚兒，越過山脈和支離破碎的森林，女孩們默默在心中許下願望。

那天是克萊爾的生日。她步入十二歲，已經長成體貼又思考周到的孩子，會在海風徐徐吹拂的岸上練習舞蹈，在細軟的沙子上做出優雅的旋轉和側手翻。此刻，她仰躺著，雙腳朝向營火，她的姊姊和母親都陪伴在身旁。

「艾瑪出生時，」我說，「一九八六年的世界博覽會正好在溫哥華舉行，場地就設在福溪岸邊，鄰近我們居住的基特角。連續幾個星期的夜晚都會燃放絢爛煙火，照亮我們家上空的天際。那是在慶祝世界博覽會，但我總說那是為了紀念艾瑪的誕生。」

「而克萊爾，四年後——妳有了英仙座流星雨。」

女孩們並未開口，但嘴上都掛著微笑。

地球穿越斯威夫特—塔特爾彗星——在內太陽系徘徊流連的彗星——所留下的一片太空殘骸，流星在營地上方的天空中劃下耀眼光跡。這顆彗星以每小時十四萬英里的速度行進，在地球的大氣層中燃燒，照亮漆黑的夜空。

英仙座流星雨在那日達到高峰，瑪姬粗喘著氣，抬頭看著白色的天花板，克萊爾則與一條纏繞脖子的臍帶奮鬥，奇蹟般地穿越宇宙，進入了我們的生活。艾瑪現已十六歲，青少年時期的成長引力正將她從我的運行軌道中拉開。我看著她在沙灘上奔跑，歡快地躍進冰冷的海水中游泳，心中不禁思忖著，我們還能共享多少像這樣的時光。

—

隔日，我們沿著海岸線前進，凝視被深色火山岩包圍的潮池群，裡頭生滿豐富的海洋植物。其中一座池子中，一道移動的陰影揭示了那處有條偽裝完美、部分半透明的龍脷魚。其綠色的微小雙眼看似相當驚訝，自己如此完美的隱身竟會被識破。牠往上方一看，顫抖著滑入細沙的斗篷之下，魚和影子永遠消失。

克萊爾注視水池，不敢相信剛才見到的一幕。

鄰近的太平洋將一波又一波的巨浪推往岸邊，雷鳴般沉重。我們停下腳步凝視纏在蜘蛛網上的薊草籽，看起來就像乾毛鉤掛在線的末端上下搖擺，直到錨繩斷裂。種籽越過岩壁，橫渡居住隱身之魚的潮池。有時，整個奇妙的世界都是由單單一條線連接而成的。

克萊爾和艾瑪在池潭間漫遊，掀起石塊，看著慌張的螃蟹跑走，感受海藻的橡膠質地，收集一顆顆的小貝殼。她們仍像小時候一樣對世界充滿好奇，對其繁複與豐足感到喜悅。

附近的島上，迎風面的樹木向遠離太平洋的方向傾身。近岸的微風穩定，樹木不再嘗試保持直立，繼續以歪斜的角度生長，讓風從身上輕輕掠過——它們是由風的記憶所塑造的。

冬季暴風的洪水所留下的痕跡上，躺臥著雜亂的裸木殘枝。它們是古老森林的鯨骨，被氾濫的洪水拖入大海，又被洶湧的海洋剝去樹皮和肢體，最終棄置於岸邊。

我們前去取水的湧泉附近倒著一根圓木，其上印著熊每天爬過的爪痕——牠將長又筆直的倒木當作人行道。我們在樹幹的末端看見熊跳下的位置，牠反覆的來去在白珠樹叢中開闢出一條通道。那小徑的入口標誌著一簇簇的粗硬的黑毛，懸掛在樹枝上。熊的足跡穿越營地的後方，但我們的食物依舊安全，因為存放在密封的桶中，以繩子高高懸於樹上，宛如雨林中的巨大風鈴。

一日早晨，我邀請女孩們和我一起遠足，去看看以前從未見過的地方。她們答應了。於是我們沿著一條不清晰的小徑漫步，海岸就在一側延展開來。在一座海角處，我們駐足眺望整片遼闊、空曠的海洋。我們尋找著鯨魚，海浪撞擊著腳下的吹蝕穴，一股又一股的水流在面前竄起。浪潮如此劇烈，岸邊都隨之顫抖，彷彿地下潛藏著鯨魚，一邊歌唱一邊噴出海水。

我們所走的小徑似乎沒了去路，在一座岩石突起之處戛然而止，但我們瞥見遠方有一座海灘，於是坐在草地上吃午餐，思考如何繼續前行。看來我們可以爬下岩壁，跑過海浪間裸露出的小片沙地，然後爬上遠岸的岩石。我心動了，因為唯一需要的，是理解海洋的節奏。然而，我看到海浪脫節地拍打，深深推進狹縫，若是貿然試圖穿越，就會被狠狠擊中。我想像那無情的波浪將我們拖到海裡，毫無憐憫可言。因此，那條路不可行。艾瑪建議我們低下身，像熊一樣匍匐穿梭白珠樹叢。她的舅舅克拉克教過她，在沿岸的灌木叢中挖掘通道，以尋找日本的漁網浮子。這些海灘探險中的寶藏——玻璃製的綠色小玩意兒——會從太平洋的彼岸遠道而來，被冬季暴風拋上岸，有時能在洪水退位的地方找到。

艾瑪的決心和尋路技巧派上了用場。她趴在地上率先帶路，克萊爾則跟在後頭。她們消失在濃密的灌木叢中，半晌之後，回頭告訴我找到了一條穿過白珠樹的通道。她們發現原本通向無處的路徑其實通往某處。我開始跟著她們匍匐前行，雜草叢生的小徑帶領我們經過岩石海岸線的危險裂口，越過海角，抵達遠處寬闊的海灘。我們穿過一片叢生雜草，進入空曠之地。那裡有一頭熊在潮界線翻轉著一層層的海草，就像園丁翻起草皮一樣。

我們靠近水邊行走並繞開熊，一邊走著，一邊大喊、吹口哨、拍手，希望牠能盡快離開。然而，牠仍繼續低頭進食著，因風聲而聽不見我們，臉也埋在海草和蒼蠅之中。

「我們靠在一起，繼續走。」我們步步走進時，我說道。女孩們點點頭。

我從口袋中掏出驅熊噴霧，以右手握住，拇指插入釋放扣環，手指則放在噴射按鈕上。

「舉起手臂，讓自己看起來很巨大。」我說。

我們繼續前進，熊一再抬頭又低頭，後又朝向森林跑去。牠最後回頭瞥了一眼，接著便消失在我們剛離去的白珠樹叢。正是牠的足跡引導我們來到此地。

那晚回到營地，我講述了遇到熊一事，而她們只是聳聳肩，告訴自己的母親沒什麼好擔心的。

隔天早上，她們開始收集製作風鈴的零件，女人們會教導她們如何組裝。她們收集了海洋生物的骨骼，受到潮浪蝕刻的木頭碎片，以及被海水穿洞的岩石，在退潮時刻於海灘上尋覓，直到風鈴製成才肯罷休。魚線將骨頭、木片和濱鳥的羽毛牢牢固定並平衡，當風拂過，所有的部分都會跟著輕輕舞動，彷彿講述著故事。風鈴掛在營地附近的浮木上，微風中傳來木頭敲擊骨頭的微弱聲響。

我們的朋友蘇教導女孩們和瑪姬，從樹上剝下長條的雪松樹皮。她們將樹皮浸泡在水中使其軟化，然後編織成墊子或籃子。她們坐在潮池旁的岩石上工作，皮膚曬得棕褐，頭髮在陽光和海風之下染成金黃色。她們將焦糖混巧克力色的樹皮條編織在一起，而我在一旁看著，希望這一刻永不結束。

我抬頭仰望，看見濱鳥沿著海浪拍打的岸上飛馳。牠們將喙插入濕透的沙中，試圖尋找生命的跡象。海鷗在島上盤旋，海獺則在灣內潛水捕捉太平洋紫海膽而濺起水花。毛皮商人於十九世紀消滅了海獺，導致海膽的數量激增。成群的海膽很快便吞噬了西岸的海藻森林，形成貧瘠的海洋荒地，魚類和海鳥的生態平衡也跟著面臨崩潰。之後，海獺在七〇年代被重新引入，牠們盡情享用過剩的海膽，使海藻床得以重生，銀鱈、鮋魚、其他魚類和海鳥也開始慢慢回歸。

眼前的一切緊緊相連，猶如海洋、天空和森林所組成的風鈴懸掛在一起——始終都是如此。

營地附近的一塊黑色礁石，在退潮時露出水面。它被稱為「龍脊」，示意著我們世界是如此古老。礁石上覆蓋史前的貝殼：海洋依舊年輕時所留下的鈣質，尖而捲曲。潮水來襲時，礁石沉入水下，上頭的波浪劃過時，波動成椎骨的形狀，使海洋本身看起來就像活生生的古老生物。

——

偶爾會有一小群遠足者途經我們的營地，他們會停下來交談，對在如此偏遠的白珠樹叢後發現永久定居點，而感到相當驚訝。我們告訴他們，可以在前面的海灘小徑上找到飲用水、熊喜歡在何處覓食，以及如何越過海角——小徑正是在那裡陷入潮汐的裂隙。

「首先要大聲喊叫，確保小徑上沒有熊。」我說。「然後沿著通往無處的路走下去。」

朋友有時會來營地拜訪我們並住上幾天。一位帶著妻子和成年女兒前來的訪客，成為了守火人。他會收集古老的漂流木並將其燒成木炭，以製作能夠烹飪的火爐。其他人去遠足時，他會花上一整天看顧營火，並說自己的偉大抱負即是創造完美的篝火。他的熱情在其喜悅的靈魂中閃耀著。他講述了一個關於印度　坑的故事，那個烤爐已連續燃燒了一百年之久。

「一代又一代的守火人不斷維持它的燃燒。」他說，沉浸在古代生火者所知的狂喜之中。

「你知道蠟魚可以燃燒嗎？」我問道。「想像一下從水中取出一條魚，像燒蠟燭一樣點燃牠，就會爆出火花、閃閃發光，猶如我們昨晚在夜空中看到的流星。」

我們一致同意，若在海灘上發現死去的蠟魚，就將其曬乾並製成蠟燭，作為燃燒的紀念象徵，為逝去的救贖之魚而點燃。

夜晚，徐徐燃燒的營火引導人們說出深埋於內心的故事。那位嫁給守火人的女子凝視搖曳的火焰並告訴我們，她的丈夫在尼加拉瓜待了六個月後回家告訴她，自己在那裡留下了妻兒。

她注目著明火，說自己原諒了丈夫，並和他一起繼續撫養在加拿大所生的孩子——在兩種截然不同的痛苦之間，選擇了這條路。她的丈夫坐在燃燒數日的完美篝火旁，靜靜聽著他所收集的木材劈啪作響。過往的年歲消散於煙霧之中。不知分享這段故事有何用意，但這似乎像是一種部落儀式、一段得在營火旁講述的故事。真相有時會如火焰般閃爍；火默默燒燃，冉冉升入黑暗夜空。

守火人一言不發。光芒圍繞他舞動，他則無止境地凝視火焰。

那晚，一場風暴襲向我們在白珠樹叢中的帳篷。附近的鯨骨灣每遇到大風和漲潮時，都會經歷一再的地景改變。沙灘無法抗拒海浪的衝擊，不斷變化其形態，而幾十年前沉入淺灘的鯨骨，便會帶著深海的智慧再次浮出水面。至少，傳說是這麼描述的。

道格在海斯基特露營多年，對此很是瞭解。目前尚不清楚那頭鯨魚是擱淺而死，或是屍體在死後才漂進海灣的。但無論如何，牠到達了岸上後，就如待在海中一樣靜止不動，在耗盡最後一口氣後輕輕搖晃，直到沉入墓穴中安息。一個世紀以來，無數的沙子會如花粉般落在牠身上。

有傳聞說，每當大風過後，骨頭就會現身並被沖上海灘。鯨魚骨一塊一塊地浮出鯨骨灣的岸上，沒人知道接下來會出現什麼。也許會有一根插著努查努阿特矛尖的骨頭？

拋上沙灘的東西，都會被海浪或下一波漲潮帶走。道格深知這點，在黎明後前往海灘搜尋，發現一根肋骨被夜間的風浪沖上岸。他將其拾回，放在溝火旁的浮木上，向營地獻上聖骨，證明鯨魚的故事必非虛傳。所有人驚嘆於肋骨的美麗，以及其出乎意料的輕盈；它看起來就像巨鳥的遺骸，握在手裡的感覺十分美妙。

一日，一架裝有巨大輪胎的小型飛機從雲霧中落下，沿著退潮時顯露出的沙灘顛簸滑行。我們的朋友蘭恩前來拜訪，並帶來了冰淇淋。他因螺旋槳於著陸時受到輕微損傷而苦惱，卻也必須在冰品融化、潮水漲起前再度起飛。我們看著他飛過森林，穿越山脈，但在夜幕降臨前的黃昏，一艘充氣船以高速駛上海灘。兩名加拿大海岸警衛隊員爬上岸，告知蘭恩的飛行計畫尚未結束，也沒有發送無線電更改路線，所以開始了搜索行動。我們指向天空中最後看見他的位置，一個渺小的黑影朝東飛行。那晚，我們看著一艘船在海灣搜索，感到不適且絕望。他們能聽見的，唯有鯨魚的呼喚。隔日，營地的無線電傳來海岸警衛隊的消息：在森林中發現飛機碎裂的殘骸，但飛行員奇蹟般地存活下來。生命總是懸於一線。

—

早晨寧靜，我們沿著長者小徑遠足。這條路蜿蜒穿過一片太古森林，那是一塊從伐木中倖存下來的土地。它使我們想起這世界曾經的模樣：巍峨、翠綠，壯麗得令人嘆為觀止。

小徑曲折穿過樹根、蕨類植被和苔蘚，帶我們遠離明亮的海灘和陽光，進入陰暗涼爽的森林。來到此處，就像進入另一個維度。森林裡，浪聲漸漸消退，只剩下樹枝在風中輕輕搖曳的聲響。光線密密、柔和，發出綠葉素一般的青色光輝。

艾瑪和克萊爾身處深及腰部的蕨類中，離開小徑並靠在一棵巨大的雪松上。其樹幹是如此巨大，我們伸長手臂，彷彿樹根在地底搜尋般，摸索彼此的指尖，試圖以手臂環抱都無法完全包圍。這感覺就像擁抱著一頭擱淺的鯨魚。小小鶯鳥——只有牠們移動時才看得見——的歌鳴宛若鈴聲，從遠方的樹冠上輕輕響起。

走上這條小徑，每一步都得謹慎。岩石像剝了皮的骨頭般滑溜，深埋於苔蘚之下；絆腳的坑洞、凹凸不平的地方無所不在，樹根則布置得猶如羅網。巨大的古樹宛若大教堂的柱子傾斜於路上，我們小心翼翼地行走其間，靜得有如修行的僧侶。小徑越加陰暗狹窄，接著，我們又頓時走出了森林，黑暗轉瞬間化作光明，令人眼花撩亂。光明頃刻間灑下，我們站在一片雪白沙灘的邊緣，不適應地眨眨眼睛。我們身上閃爍著森林露水和蜘蛛網，驚訝發現一座海灘在面前彎曲延伸，彷彿充滿異國情調的旅遊海報。遠處有一條河匯入大海。艾瑪和克萊爾在沙上畫上一顆愛心，往前奔跑，像水獺一樣嬉鬧，其他大人們則走在後頭。

我們去到河邊，在冰冷如烈火的水中游泳。我跳進水裡，又馬上跳了出來。蘇游出來，坐在河中的岩石上，讓陽光暖和自己赤裸的身體。她隨後便重新跳進水中，因冰冷和喜悅而發出歡呼。艾瑪和克萊爾潛入水裡，像鯨魚噴出水柱，像海獅奮力在水中游動。在海裡沐浴了一個禮拜後，終於能將鹽分從身上洗去，感覺十分舒暢。遠山融雪所流下的清水淨化了我們。

道格是個喜歡在收集鯨骨之餘，以吉他彈奏民謠的大塊頭。他在那晚的營火旁講述了一段故事，說自己過去擔任荒野導遊時，會帶領青少年深入森林，讓他們獨自留在那裡一夜，以此作為他們邁向成年之路的象徵。

他揚起眉毛發出挑戰，艾瑪說自己已經準備好了。隔天，他們和克拉克在附近的海角修補了一間汗屋——一種半圓形的透氣小屋，美洲原住民於此舉行靈性儀式——漲潮時就會變成一座孤島，為艾瑪度過成年之夜提供庇護所。天黑退潮時，她帶上睡袋，打著手電筒，獨自走下海灘。我看著那道光遠去，走過幾天前穿越的野獸足跡，我們也在那裡看到一頭山獅的爪印，沉重且充斥邪惡的氣息。

我知道，在離營地不遠處，曾有名女子在林地裡被山獅攻擊，她的丈夫將長矛刺入山獅體內，進而拯救了自己的妻子。她告訴我身上傷疤的故事，以及那頭獅子撕咬她時發出的聲音。最後，她說：「我原諒了那頭獅子。」

當艾瑪消失於黑暗中，我深吸了一口氣，努力保持鎮定，但無法入眠，只能聽著森林在夜晚中喃喃自語。接近午夜時分，我穿上衣服，走下海灘，坐在距離汗屋一百碼之遠的漂流木上。我不能再往前一步，潮水已經到了腳邊，蓋住了潮間帶。她孤身一人留在島上，黑色的大海在我們之間流淌，頭上滿是繁天星星。

我渾身顫抖著回到帳篷內。瑪姬還醒著等我。我們輕聲交談，試圖減輕彼此的恐懼，緩和作為父母的焦慮。

「她長太快了。」瑪姬說道，我在她身上感受到同樣的驕傲，以及同樣的恐懼與失落。我們手牽手躺在一起。我於黎明前的深夜再次起身，在手電筒的光下搜尋野獸閃爍的雙眼。除了黑暗，別無他物。我看見潮水慢慢退去，帶上一些浮木返回大海，但仍得再等上一段時間。回程路上，我望向女孩們在一旁的帳篷，看到克萊爾正睡得香甜。我忘了她那晚也是獨自一人。她離我們夠近，一出聲喊叫就能聽到，但我想起來她也在成長，總有一天會跟上艾瑪。

隔日一早，我起床生火，讓一股柔和的藍色煙霧緩緩升到海上，朝向鯨骨灣和龍脊飛去，彷彿在尋找著什麼。我看見營地和汗屋之間的沙灘上出現新鮮的狼蹤。兩頭野獸在那晚遊蕩於兩地之間，停下腳步嗅聞空氣，接著繼續朝長者小徑離去。

稍後的早晨，艾瑪走下沙灘，睡袋掛在一肩上，微笑著坐在火邊。

「我以為只要害怕了，總是能夠回到營地的。」她說。「沒想到漲潮後我就被困住了。水一直蔓延到汗屋的門口。我知道必須在那裡過夜，於是就睡著了。」

她說話時帶著平靜的自信，我意識到我們養育的孩子已經成為一名年輕女子，荒野已經融入她的血液、永存於她的內心。

我為她感到驕傲，但也因終將分離和親密關係的斷結、因失去重力而使行星解脫束縛，而在心中感到一絲不平衡。

我從未主動尋求父親這個角色，這項責任找到了我，孩子們以我從未想像過的方式與我的生命緊緊繫上紐帶。此時，我的第一個孩子已經長大，正逐漸漂向遠方。我知道她必須離開，因為河水不曾停歇，終將流向浩瀚大海。然而，這一切並不容易。

幾日後，我們開始拆除在海斯基特搭建的小村莊，一點一點，一塊一塊，猶如鯨骨在安息處被逐一解體。營地的一切都被裝進袋子和繩索綁緊的塑膠箱。最後一晚，我們拆下為廚房擋雨的大篷布，聽見夜鶯低空飛進白珠樹叢中的空地捉蟲，掃過像蟲一般緩緩升起的溝火灰燼，振翅聲在空中響起。

隔天早上，我們等待漲潮將克拉克的船從停泊的沙灘上抬起。海水慢慢淹沒沙灘，再度將海角上的汗屋隔絕於世，洗去狼群留下的蹤跡。

船上滿載一堆雜亂的露營裝備。我們駛離海斯基特時，克萊爾說：「我想待上整個夏天。」她身上具有十二歲小孩不被期待能擁有的平靜，心態和舉止皆是如此優雅。她的一條手腕上戴著手鍊，由潮池中軟化的雪松樹皮條製成，將大海與森林編織在一起。

艾瑪在離開的路上回首一望，很驚訝原來汗屋居然如此靠近我們在白珠樹叢中紮營的位置。

「我那晚覺得離你們好遠，」她笑著說，「但其實你們一直都近在咫尺。」

是的，我們就近在近在咫尺，但黑暗的潮水分隔我們，狼群在其中穿行，夜色中深藏著危險與美麗——這就是世界運行的方式。很多事物是看不見的。我想，活著的訣竅，就是學著不恐懼未知。

我坐著，手臂搭在艾瑪的肩膀上，眺望海洋尋找鯨魚的身影。船在海浪中搖擺，每次傾斜晃動，我都感受彼此之間的連結拉得更緊。

當連結斷開，薊花將隨風飄向遠方。我深知這點，也知道大自然已經深植於她和克萊爾的心中——這將會是我們永遠共享的美好。

III

沖積層

Alluvium

「在人類存在本質的深處，我們渴望瞭解地球和其計畫，

瞭解宇宙和自身最深刻、最真實的型態，並探究終極實在。」

查爾斯．布蘭特神父

隱居所

The Hermitage

心靜，乃釣魚本質的精隨，達到心靜如同找到魚本身一樣重要。在太平洋西北的雨林裡，在大自然高聳的歌德式拱門之下，釣魚過程中的心之靜寂，和在教堂中體驗到的肅穆與沉寂同樣深刻。

秋日，距離發生於二〇一九年四月的那場大火還有幾年，我坐在巴黎聖母院的長椅上，抬頭仰望消沒於陰影的拱頂柱子。瑪姬在一旁點燃蠟燭，紀念她的母親諾拉——她是一名溫柔聰慧的女士，因阿茲海默症而病逝。我們的孩子很喜歡在諾拉繁盛的花園裡玩耍，摘採像海葵一樣綻放的花朵。柔和的光線透過聖壇後方古老的玻璃花窗流入中殿。這座有八百五十多年歷史的大教堂，是世上最神聖的地方之一，但遊客拖著腳步經過壁龕、竊竊私語和拍照的聲響，使我懷念起身處於古老雨林的沉思寂靜，那如海洋般靜謐而熟悉的感受。

在森林裡，寂靜是深沉的，包容一切，令人陶醉，生命本質近在眼前，顯現於指尖與粗糙樹皮的碰觸，顯現於河川流過時間的潺潺之音，顯現於貓頭鷹的眼中，或者一隻有毒蠑螈的鮮豔皮膚上——其閃爍的顏色就如主教黑色長袍上的酒紅色腰帶一樣顯目。

查爾斯·A·E·布蘭特是一名前特拉普派僧侶，曾於康乃爾大學研究鳥類學，由於受到溫哥華島上的原始森林所吸引，在一九六六成為羅馬天主教會這兩個世紀以來第一位隱居神父。他定居在牡蠣河岸的小木屋中，獨自生活了五十多年，與自然交融、沉思、飛釣、以重新定裝古書為生、觀鳥以及攝影。他於十月的一場周日早晨過世，享耆壽九十有七。當時正值新冠流行病的肆虐，我未能出席他的葬禮。我們最後一次通信是在他去世前幾個月，我向他徵詢，有意將他的格言放在我的書裡，他則似乎一如既往地充滿活力。在殯儀館的紀念貼文中，我將他的離世描述為這世界的巨大損失。

「我們這些有幸認識他的人，即使短暫，也是蒙受了祝福。」我寫道。「流水繼續流淌，但河流已逐漸消失。」

—

布蘭特神父相信沉思自然即是與上帝接觸，他致力於這一追求。一日，我去到海灘以飛釣捕捉他提過的鮭魚，在回程的路上經過隱居所，順道拜訪了他。他正在修復一本有數世紀悠久歷史的《聖經》，工作台上方擺有一張美麗、年輕女子的照片，她是一名社會運動家，幾年前因試圖拯救溫哥華島的古老森林，封鎖了伐木道路而遭到逮捕。

「我的英雄。」布蘭特神父說道，他自己也是一位環保活動家，致力於提高公眾意識，以拯救楚倫河不被汙染，並保護牡蠣河河口免受開發。

我們都對釣魚和大自然心懷尊崇，一起坐在隱居所外的森林裡，暢談了數小時。他文靜、友善，聲音輕柔，以其內省的智慧談論人生、心靜的重要性，以及飛釣。

在參天樹木的環繞下，我們看著黑暗擴張，璀璨星辰升起。我告訴他一件自己曾未說過的事——我身受死亡困擾，這種沉重的感受自艾瑪出生不久後便降臨，克萊爾到來後又更加嚴重。年輕時，我不曾思考過死亡（或者說實話，我也不曾深思過很多事情）。然而，我有了孩子之後，便意識到自己的脆弱性、時間如洪流般的逝去，以及生命中最重要的責任：父親這一身分的職責。

當然，所有人都會走到自己時間的盡頭，但直到我有了孩子，才發現時間飛逝得如此之快。我很驚訝，她們這麼快就從嬰兒長成小女孩並開始上學。同時，我也為一些朋友突然的離世而感到困擾，其中一位是以雪松雕刻鳥類、鱒魚和鮭魚的藝術家，另一位則寫了他往時河流的書。兩人都是熟練的飛釣者，熱愛著我所熱愛的水域。他們本該活得更久，但猝然間，心臟都停止了跳動，永遠離開了人世。我開始將死亡視為潛伏、躡蹤的存在，一個陰影般的實體，就和森林中無情的渡鴨追逐著貓頭鷹一樣。

誰會為了保護我而扔出石頭？

意識到自己必死的未來並不可怕，但是令我不安、憂慮，彷彿有個沉默、不受歡迎的陌生人坐在自己家中的客廳拒絕離開，因此，我和布蘭特神父談到這件事，希望他能提供我一些幫助。

「我不想要突然間離去，獨留女兒們無助面對這一切。」我說。「一想到這樣拋棄她們，就讓我無比難過。」

布蘭特神父靜靜望著森林。半晌後，他溫柔一笑，說無需擔心太多。最終離開物質的存在是注定的，他說，但完全消失、化作虛無是不可能的。他說，死亡是一種轉變，然而我們與星辰、宇宙和周圍的森林，都是由相同的物質所組成，所以無人能夠徹底消逝。

「你總會在某個地方繼續存在，」他說，「離開其實並非一個選擇。」

他似乎是指，塵歸塵，土歸土。

他的生命觀涵蓋了整個宇宙，他意識到，每個人都只是宇宙裡微不足道的塵埃、大河水流中載浮載沉的細沙。在頭頂上，銀河穿越蒼穹，一束光芒於浩瀚中蕩漾，在腳下，則能聽見牡蠣河於樹林中輕輕流淌的聲音。他的答案其實並未解答我的困惑，也沒有明確告訴我該如何面對絕望，但不知怎地，和平降臨於內心，或許是因為自己第一次坦露困擾已久的事情——這即是對神父懺悔的慰藉。

—

布蘭特神父在去世前的許多年內，每月都會在自己的隱居所舉辦兩次的冥想靜修，探討內心的平靜，並帶領人們在森林中沉思散步。

在那些小型聚會上，他會鼓勵人們慢慢步行，如此便能吸收大自然的氣息。他將之稱為「有目的的散步」。在和他第一次交談的許久後，我才聽說森林浴的概念。這是一種於二〇〇〇年的北美流行起來的概念，源自八〇年代的日本思潮。

然而，布蘭特神父早在八〇年代之前便已熱衷於森林浴。他喜歡沐浴於大自然，不僅遊蕩在森林中，也在河流和海灘上有目的地散步。他會帶著飛蠅竿，在溫哥華島上的牡蠣河、察布爾河、楚倫河、坎貝爾河與其他水域中涉水，如同在森林中散步時那般沉思、冥想。

當我拜訪布蘭特神父，他正備受周邊神經病變的折磨，使雙腳麻木不堪，但他仍在小屋附近樹林裡的小徑，以及老舊又廢棄的伐木道上走著漫長的沉思散步。

「我不認為這條路通向何方；它通往無處，我也走了一輩子。」他在《自我與環境》中寫道。「即便如此，卻也通向一切。」

在一生的祈禱、冥想和飛釣中，布蘭特神父在太平洋西北的雨林中，走上這條通往無處的道路，開始瞭解到自然的神聖力量。

他提出的關鍵信念是，人們必須停止破壞萬物的平衡，並在大自然中保持良性的存在。「我們必須愛上自然世界。」他說，「唯有出自真心愛著某物，我們才會保護它；唯有認為它是神聖不可侵犯的，我們才會愛它。」

在一次聖誕節前夕，我為《環球郵報》（*The Globe and Mail*）寫了一篇關於布蘭特神父的文章。在加拿大全國性報紙的每周環保專欄中，我提及他不為傳教而布道，而是會向信徒們發送自己拍攝的照片。他認為，上帝的面孔存在於自然中，具有侷限的言語是無法超越其神聖性的。因此，他的照片不如預期的那樣有宗教性的闡述，反而幾乎沒有任何文字。

「最後一片葉子，隱居所。」一封典型的訊息上如此寫道，並附帶一張照片——濃密茂盛的樹林裡矗立著一棵光禿的樹，上頭留有最後一片葉子。這棵樹在森林裡的獨特、閃耀之美，讓他慢慢停下腳步。

「隱居神父查爾斯．布蘭特並不會像一般的神父，會發送典型的聖誕祝福。」我寫道。「他只傳送了一張照片。」

「一整年的禮儀節期過去，布蘭特神父並沒有提醒信徒們這些日子的神聖性。與其唸誦禱告，他會向郵件列表中的人發送大自然的攝影之作。」

他那年傳給我的其中一張照片，是個山獅凝視鏡頭的特寫。上頭簡單標記著：美洲獅。

我問起那頭美洲獅，他告訴我，他一日在牡蠣河附近散步，感到一股存在默默逼近。他什麼也沒看到，但穿過樹林回到小屋時，那股感覺一直尾隨在後。他慢慢走上台階來到門廊，轉身關上玻璃門時，發現那天伴著他在森林裡散步的不只有上帝。一頭山獅蹲伏在樓梯下，眼睛直直盯著他瞧，尾巴誘惑般搖晃。那頭野獸帶著飢餓，或是好奇心、本能的狩獵需求，一直跟著他穿過樹林。布蘭特神父拍了一張照片，關上門，泡杯茶。他再回去查看時，美洲獅已經離去，但草地上有一處凹陷，他將手放置在那裡，感受殘留的熱感。

我們坐在美洲獅躺臥過的地方，談論著飛釣。他以滿懷敬意的口吻告訴我，自己曾在新年的早晨獨自外出，並捕捉到一條大型的硬頭鱒。「身形如此完美，簡直就像個奇蹟。」他描述著孤獨河流上的狂喜寧靜，聲音充滿驚嘆。「整個世界彷彿都靜止了下來，而那條大魚，」他說，張開雙手以展示長度，「腹部白得像那天落下的雪，將世界掩蓋在寂靜之中。」

在年老和周邊神經病變慢慢束縛布蘭特神父的行動之前，他經常在溫哥華島的河流中涉水，並在飛釣社區中被視為水靈，能有幸遇到便是一種祝福。

朋友告訴我，他在秋天釣捕硬頭鱒時，看到一道黑影站立在河霧籠罩的礫石灘上。「我一直以為那是頭黑熊，」他說，「接著就變了。」那個身影變成了布蘭特神父。他步出迷霧，手持飛蠅竿，帶著目的涉水前行，每一步都經過計算，好讓腳步能在河石中找到合適的位置。布蘭特神父邊走邊釣，緩慢、溫柔。他經常獨自釣魚，但他說自己曾不感到孤單，因為他已經「與這條河的其他漁者」——秋沙鴨、鶚鴨、蒼鷺和翠鳥——以及岸邊的樹木，建立了連結。

他將自然描述為一個神聖的社會。「不是物件的集合，而是一個主體組成的共同體，需要與之交融，而非利用或剝削。」

由眾多主體組成的共同體——他自己也只是其中一員。

我離開前，他給了我《自我與環境》的複本，上面寫著：「獻給馬克，以及友誼」。他還給了我一本自己編輯的語錄集《荒野冥想》（*Meditations From the Wilderness*）。裡面收錄了阿道・李奧波（Aldo Leopold）、亨利・大衛・梭羅（Henry David Thoreau）、芭芭拉・金索沃（Barbara Kingsolver）、安妮・狄勒（Annie Dillard）等等他最喜愛的自然作家。我將那本書的複本送給需要慰藉的朋友，有時也送給即將去世的朋友。我給女兒們讀這本書，希望裡頭的智慧得以傳承下去。

布蘭特神父說道，自己藉由每日冥想兩次來找到平靜，並敦促我也試試。

「冥想是進入沉默、靜止和專注的過程。」他說。「進入這種心靜的狀態，人們需要某種神聖的事物，比如上帝、愛、瑪莉亞，或一個小詞語，並不斷愉悅地重複這道『咒語』——最終將引導人認識內心深處的真實面貌和終極實在。」

每日的冥想對我而言似乎太過規律，但與布蘭特神父交談後，我意識到自己也透過飛釣，和隱居神父走在一樣的旅途上。我以自己的方式擁抱他「有目的地散步」的哲學，將飛釣視為超凡的體驗，讓它引導我進入心靜之境、走向意義。

我逐漸明白，在釣魚之旅中，大自然的神聖性遠比捕魚來得重要。那晚離開隱居所時，我領會到，為了找到內心平靜——找到深層內在的真實自我——我必須帶著自我察覺並專注於飛釣。我可以用自己的方式冥想，我的「咒語」就是抛投魚線的聲響——伴隨其節奏，劃破空氣、飛越水面並穿過森林。

與布蘭特神父在森林中告別，我感覺自己對死亡的恐懼正慢慢消退、減弱——即使不是完全消失，卻也變得緩和。我想活得夠久，能見證女兒們成長，建立自己的家庭。我想活得夠久，能教導她們飛釣、人生，以及大自然的重要性。然而，他是對的：森林裡的河流、樹中所蘊含的鮭魚養分和頭頂上的星星，都是由相同的元素所組成。死後，我仍會存在於某處。正如他一樣。

林中之鹿

A Deer in the Woods

聖誕節期間下了雪，節禮日早晨前往鹽泉島的渡輪幾乎空無一人。我的卡車穿過兩英寸厚的雪，在駛離富爾福德港的山坡路上留下第一條輪印，途經聖保羅教堂——早期的農民於一八八五年所搭建的石造小教堂。他們懷著虔誠之心，以獨木舟搬運花崗岩塊，讓牛隻拉到現址並親手堆砌成神的居所。

開車前往探望母親的路上，我看見這座堅固、優雅的天主教堂與其墓園躺臥在飄落的白雪中，沉眠於寂靜。她住在恆河村，於鹽泉島的一家養老院工作。這座島聖潔而翠綠，周圍環繞喬治亞海峽的湛藍海水。

母親在戰時英格蘭所拍攝的照片中，顯得美麗、年輕，擁有一頭濃密烏髮和牛奶色的皮膚，即便當時的世界盡是一片混亂，她仍然煥發著希望的光芒。一九四四年，她成為八萬名女子地面軍的一員，取代前去戰場的務農男子。和她那一代的許多婦女一樣，和平於戰後回歸時，她被迫離開工作職位，將一生奉獻給母親這一角色。然而，她的孩子們長大後開始漸行漸遠，婚姻也面臨失敗，赫然間，她只剩下自己，獨自在世上漂泊。

母親一直給人溫順、和諧的印象，但內心其實隱藏著令人驚嘆的力量。晚年的她在長達二十五年未回到職場的處境下，去到一家養老院，以看護垂死之人為生。那家長期護理機構可以俯瞰草坪和花園，但總是瀰漫著淡淡的漂白水與消毒劑的氣味。在寢室外，家屬們於牆上張貼年輕男女的美麗照片——他們一頭栽進泳池、溜冰、盛裝參加派對，或驕傲地舉著獎盃——都是往事的影像。在寢室內，則是那些經歷美好歲月後所徒留下的軀殼：虛弱、年老，不是身體殘敗，就是心智衰退。有些人依舊思緒清晰、善於表達，但更多則神智不清、語無倫次，徘徊於記憶中，成為舊事的囚徒。這種地方提醒了我，無論青春有多麼美好，生命最終都會飛快地走向殘暴的結局。

在母親照顧的人當中，有一位九十九歲的老婦人米瑪，她充滿活力又開朗，常常聲稱一名「穿著棕色衣服，全身佇立山雀」的男子前來拜訪自己，和她談論世界大事。

一日早晨，母親為米瑪送來早餐時，她說：「妳剛錯過了我的訪客。」

「他往哪邊走了？」母親問，想著為何自己沒有在走廊上遇見任何人。

「他直直走向那裡，去到花園，就和進來時一樣。」米瑪對著一堵牆點點頭回答。

「她沒瞎說。」母親說道，彷彿暗示著米瑪的訪客必定存在。

—

參觀鹽泉島的羊駝農場、古怪的藝術畫廊、寂靜的佛法中心，以及滿布群鳥的奇異景象時，我的內心總是感到平靜。母親離婚並搬到那裡前，我曾在大學時期來過這裡釣魚，非常熟悉這座島嶼。我在冬季於此處的小湖釣過虹鱒，夏天時則捕過鱸魚。

鹽泉島的步調緩慢，足以讓人沉澱靜心；在節禮日那天，這座島陷入更深邃的寧靜之中。天空飛舞雪花，路邊的田野覆蓋一層羊毛般柔軟的毯子。煙霧從樹林中的房屋冉冉升起，萬物毫無動靜。

接著，我駛入轉角，看見一台車倒在路中央。那是一台鮮紅色的小型車，閃爍著警示燈。我猛踩剎車，身邊包裝好的聖誕禮物從副駕駛座滾落。雨刷平穩擺動，將雪花掃去。我打開四面的閃光燈，檢查後照鏡並下車查看。

翻覆的汽車內部空蕩。沒有留下任何腳印，所以必定是事故發生後又落下了新雪，但駕駛就像人間蒸發了一樣，猶如拜訪米瑪的鬼魂。隨著車燈閃爍，大片的白雪染上澄色。

我在溝渠裡搜尋人影，記下車牌號碼，繞過事故車輛離開現場。幾分鐘後，我停在警局，裡頭的人冷靜寫下資訊，說當晚已經有個司機報告車輛在富爾福德—恆河路打滑失控。我說車子翻覆在中線上，不盡快處理的話恐怕會再發生事故。她說會處理好，但顯然有些不耐。

我帶著禮物繼續前往母親的住處。我們喝茶、享用聖誕蛋糕，我聽著她講述養老院，以及每日的樹林間散步的故事。母親經常執行十二小時的輪班，她會去鄉間漫步來放鬆，並沉浸在田園風光之中，而她的病人卻只能望著窗外。有時，母親會帶他們去到花園走走，但無法像她那樣穿過田野、進到森林。「如此年老體衰，無法走進大自然，實在太可怕了。」她說。「希望那天永遠不會到來。」

從富爾福德港的渡輪碼頭到恆河路這地方的路程僅約八英里，但道路蜿蜒穿過樹林，沿途隨著陡峭的山脊起伏，使得這三小時的徒步之旅如此艱難。很少人會步行這麼長的路，但母親曾在夜間獨自走過。那天，我告訴她自己在路中央發現翻車事故後，她向我講述了

一段故事，彷彿被那輛遺棄在黑暗中的汽車，喚醒了這段回憶。

她說，自己在一晚下了最後一班渡輪來到島上，和住在碼頭附近的一名男子喝了咖啡——她沒有道出那人的名字，儘管已經離婚多年，她也從未暗示過自己是否有和任何人約會。

「我離開他的住處時，天色早就暗了下來，最後一班公車也走了。」她說道，而這意味著當時已經是半夜了。「他不願載我一程，所以我只好用走的。」四下安靜，沒有任何車輛行駛，只有自己的腳步聲。她仰望星空，走到一半的路程時開始感到疲倦。

「我最後睡在樹林裡。」她說，就像在說自己去房間小睡一樣。那時是秋天，冬季還未到，也沒那麼冷。「我躺在草地上，睡到日出前一刻。」

她說，鳥兒喚醒了她。牠們在黎明合唱，以孩童般的歌聲呼喚，甜美而高亢。接著，她便看見一頭鹿的身影。

「牠從樹林裡走出，離得非常近，一伸手就能碰到。」她說。「我只是靜靜躺著，他聞了聞我並看了一眼，之後就離去了。」她對這一刻感到驚奇；一頭野鹿離得如此之近，能夠在自己的皮膚上感受到牠的氣息。

「人們說鹽泉島上沒有鹿，但我知道有，因為我親自遇見了一頭。」她說。

這段故事令人擔憂又好奇。鹽泉島上的熊和狼已經滅跡，只剩下幾頭美洲獅和其他少數動物，而鹿卻非常多，甚至農夫和園丁有時都會抱怨牠們。為何母親常常提及看到鹿，卻說人們相信沒有鹿？

除了這個謎團，這個故事還引發了其他疑問——那位不具名的男子是誰？為什麼母親明明知道會錯過最後一班公車，還與他共處這麼久？為什麼他不肯在深夜載母親回家？這似乎不像是一段你會希望任何女性所處的關係，尤其是自己的母親。

我輕聲追問更多資訊，她只回答：「只是一個朋友。」她起身收拾茶具，表示談話已經結束。

開車回到渡口的路上，我在汽車翻覆的彎道上減速。它消失了，就像那位駕駛，或是米瑪的訪客一樣，緩緩穿過牆壁時，山雀在他的外套上飛舞著。

——

有時，當我在黎明時分因鳥兒的鳴唱醒來，會想起母親躺在森林裡，斑駁的光慢慢流上她的身體，樹木的輪廓在風中輕輕搖曳。她一動不動地躺著，驚訝地抬起頭。這就像死亡一樣，我想，伴隨著飄渺的光芒、飛鳥的低語，以及翅膀輕輕拍動的聲響。

在城市裡，聆聽鳥兒歌唱的最佳時間是喧鬧的交通高峰時段之前、萬物才剛甦醒的寧靜早晨。牠們整日都在歌唱，時起時落，但在這甜蜜的時段，歌聲如此豐富且清晰，彷彿是這短暫的清醒時刻裡，唯一存在的事物。躺在那裡，思忖這是否是人類在啟示之前，於伊甸園或海灘上的貝殼中所聽見的第一道聲音。

「牠們講述著宇宙的故事。」布蘭特神父在《自我與環境》中如此描述黎明的鳥鳴。他將知更鳥的歌聲稱為頌歌，即一種聖歌的形式。在《汀克溪的朝聖者》（*Pilgrim at Tinker Creek*）中，傑出的自然作家安妮・迪勒將鳥兒的歌聲形容為「嬰兒的含糊話語」。

無論聽到的是嬰兒的牙牙學語，還是聖歌的頌唱，我們都在鳥鳴中尋找可能存在或不存在的意義。有時，會發現真理。人們從鳥鳴中尋獲慰藉是合乎情理的，但黎明的合唱並不總是如表面那般美好。這些起起落落的歌聲可能是甜美的喜悅低語，也可能是領地宣示、面對侵入的警告、危險的喊叫，以及性慾的表達。

母親說，鳥兒在森林中喚醒自己時，她感到神清氣爽。她一路走回家，回到恆河路，人們開始活動起來，廚房的燈光接連亮起，夜晚的夢逐一消散。她說自己很快樂，因為在走過那些房子的路上，她意識到了別人所不知的神聖之事。她受到黎明的鳥鳴鼓舞，被一頭野鹿的輕柔呼吸觸動。

她常因瞭解到大自然的複雜與祕密而感到幸福。她喜歡早起，漫步於樹林，並回家在田野日記中記下自己對鳥類、鹿、兔子、蟾蜍和山獅的觀察——「滑過倒木的棕色形影。」她如此寫下。

她常能看見他人無法見到的事物。

一次，她沿著野鹿難以察覺的蹤跡，一路穿過灌叢，停下在樹枝綁上標記，如此便能找到返程的路。她的手在過程中碰撞到一座蜂鳥巢穴，裡頭躲著兩隻赤裸的雛鳥，搖晃著頭，不知所措。

「我之後當然會注意標記的地方。」她寫道。

她多年來一直堅持紀錄田野日記，每次外出後都會寫下一些筆記。她去世後，我翻到了這些破舊的小筆記本。閱讀裡面的文字後，我遺憾自己對她所知甚少，沒能在成年後與她一起在自然中漫步，共享美好。

「決定寫些筆記——只是偶爾回顧一下我是如何享受散步的。」她在一本日記的開頭寫道。「只要能散步，我就很開心。」

我的第一個家在維多利亞──我正是在那裡出生──但讀了這些日記後，才發現我們曾住在離斯旺湖不遠的「一間小木屋」裡。

她在筆記中寫道，自己在那間小木屋裡度過了一場「絕望冬季」，整天忙著照顧兩個不到四歲的男孩──史蒂芬和提摩西，以及剛出生不久的我。那年十二月下了一場大雪。「那是間摘採工的小屋，位於一片種植水仙球莖的土地上。那裡差點就要被雪掩埋。」她寫道。「雪軟綿不堅硬，但我因照顧孩子而疲憊不堪，而他們便如此看著我在窗外邁出艱辛的步伐。我終於抵達木柴堆時，木頭已經完全結凍，且必須劈開才行……老天，把木柴搬到廚房，然後點燃濕漉的木柴來煮粥，實在太難了。那陣子真的過得很辛苦。在加拿大生活絕非易事。」

母親一直想要有個女兒，結果卻生了五個男孩。她曾早產過一次。「那是我的寶貝女兒。」她以前常常如此說道。當我有了兩個女兒後，她便以無盡的關懷疼愛她們。她常打電話來說：「我要從鹽泉島搭船去看女孩們了。」接著，她就帶著自己做的洋娃娃和其他禮物，來到我們在溫哥華的家門口前。她不喜歡和成年人共處，會消失在樓上或花園裡，成天和女孩們待在一起讀書、做美術作業、講述精靈的故事，或是在附近鱒魚湖公園散步。母親經歷過戰爭，在美滿家庭中安享晚年的夢想也破滅，卻能保留這樣的溫柔，讓人不捨又感動。

她說，人們在戰後紛紛出逃，因為和平沒能為疲憊不堪的國家帶來解脫。戰後，隨著美國停止援助物資，糧食配給越加嚴格，而當士兵們從前線返鄉，婦女的工作也隨之消失。她從女子地面軍退役，其他人則被趕出工廠或辦公室，即使她們已掌握了專業技能、維持經濟運轉，卻也無法逃出時代的壓迫。

對男人而言，求職也十分困難。父親更是如此，因為他的履歷上並沒有任何值得誇耀的從軍紀錄。沒有勳章，沒有嘉獎，沒有戰場的故事可以講述。他唯一有的，是出於良心而拒絕參軍。

父親在維多利亞重新開始生活。他先是送牛奶，然後到一艘垃圾船上工作，之後才得到自己夢寐以求的工作，成為一家小報的記者。此後，隨著他從事新聞事業，我們經常搬家，從一間新聞編輯室換到另一間，從一棟房子換到另一棟，從一座城鎮換到另一座。母親則靠著一點錢來購買食物和衣服，盡力維持家庭的開支。我記得自己曾和母親一起去雜貨店，她的錢包裡只有二十元，卻需要餵飽全家人一整周。不知怎的，她將購物車裝滿，我們兩人仔細檢查每項商品的價格並計算總額。在收銀台前，我們忐忑等著看自己的算術是否正確，擔心因錢不夠而不得不將商品放回貨架的尷尬處境。

儘管經歷這些貧困，母親的日記裡卻不對艱難生活多所哀嘆，也很少著墨於破碎夢想的苦澀，書寫最多的，反而是一位自然主義者於平靜田野的觀察。

「狂風大作的昏暗日子。小鳥試圖飛翔而瘋狂擺動。」其中一頁寫道。「今天沒有鹿——春季準備爆發。樹籬中的麻雀。啄，啄，啄。」

在另一頁，她寫道：「我總能感覺到，是否有一場紛亂漂向海岸。鳥兒看起來驚慌失措，海鷗則占領了足球場。」

她也寫了一段像是俳句的文字：

路邊
肥美的黑色兔子
灌木樹籬中
山雀和鳴鳥
高爾夫球場上——鹿——

溝渠裡——垃圾
而垃圾是
人們敗壞的
跡象

她每天步行或騎腳踏車，若看到一條通往灌叢的獵物小徑，便會沿路走去，看看會通向何處。多數時候，她的田野紀錄都很簡短，少有深刻的內心想法，但簡單、純粹的觀察也頗具美感。

「編織於上個季節的知更鳥巢——塑膠條和馬毛。」就是一項經典例子。或者：「光禿無葉的樹在天空的映襯下彷彿蕾絲。」她只是看著樹木，欣賞其樣貌，並記在心中。

不過，她偶爾也會寫下突然湧現的回憶，包括與比莉和希爾達——她住在車屋裡的童年朋友——度過的一場午後。「那裡的田野荒蕪——無需租金。」

那日，她們去了河畔的草地。

「那是個隱密的陰暗之地，雜草叢生、散發霉味。但斑駁陽光落下處，生長數萬朵橘黃色的毛茛花。」她寫道。孩子們在罐子裡裝滿蝌蚪。她們回家時，她因赤腳騎車而受傷，大大減緩了速度，朋友們則騎得比她快，很快便消失在小徑前方。接著，一個男人從樹林中闖出，在路上攔住了她。

「我的腳卡在踏板上，水從蝌蚪罐中灑了出來。突然間，他抓住了我。」她寫道。「我慌了神，那時還只是個小女孩，不知所措。他把手伸進我的衣服，將我從腳踏車上拉下來。」

所幸，兩名護士從一扇隱藏的門後走出，出現在小徑旁的樹籬邊。男人看見那兩名女子，放開了她，往河邊逃離現場。

「護士們有說有笑，她們對我展露微笑。我拍去雙腳和涼鞋上的塵土。那一刻真是千鈞一髮……要是護士們沒有換班，我可能會遭遇到不同的事件。當時我應該是八歲。至今，我仍然看得見那使我恐懼的男人——彷彿就發生在昨日。」

她從未告訴過孩子們這段故事。然而，故事就埋藏於這本筆記，夾在一份防止鹿闖入花園的配方（將蛋和水混合，塗抹於花瓣上），以及最喜歡的地名列表（克魯特希路、雪花蓮路、金盞花路）之間。

在所有的自然觀察中，還有一項不常見的紀錄。在名為「死亡」的標題下，她第一次提及自己懷疑父親不忠。

許多年後，他離開母親並再婚。據我所知，母親再也沒有和其他男人發展情誼。然而，在她的田野日記中，有些紀錄卻暗示事實並非如此。她提及自己曾搭乘渡輪去拜訪的男子。在一項關於溝渠長滿野草的紀錄下方，附有一張男人的照片，我從未見過他，也沒聽過母親提及。

「這位是德里克。」她在筆記中寫道。「他是一位鋼琴家。我們曾是一段時間的朋友。他是威爾斯人，在一家餐廳裡彈琴。」

僅只如此，沒有進一步的解釋，而現在問起也已經太遲。

對於一名兒子來說，儘管深愛著母親，也很難承認自己只認識她作為母親的那一面，除此之外幾乎一無所知——母親這個角色是如此強大，其他的身分幾乎沒有任何空間得以存在。我到底瞭解她多少？我又有多認識自己那神祕的父親？真的有孩子能夠瞭解自己的父母嗎？

即使我們的生命緊密連結，也常常存在缺失的碎片，而正是這些祕密和謎，讓我們看見不同的現實。兒時，我曾深深融入母親的生命，但長大後卻十分困惑，不知彼此之間的關係裡，哪些是真實，哪些又是虛構。我思索，自己是否對孩子來說也是個難以理解的存在——希望並非如此。但願透過共同的飛釣經歷，以及沉浸於大自然中，我們能夠建立更深的關係，猶如潮汐瞭解大海一般。

——

母親在鹽泉島上生活了許多年，退休後搬到維多利亞市郊的小公寓，靠近林地和農田。她每天都會騎腳踏車，有一次在路上發現完美的小蜂鳥巢，將之裝入玻璃罐中送給了我。那座鳥巢看起來脆弱，但就和她一樣，其編織的方式賦予了隱藏的力量。

她從未向我展露過內心世界，直到人生的最後也不曾和我談論過自己。一日，我在溫哥華的新聞工作室接到一通電話，安德魯在電話中說道：「媽媽昏倒了。可以的話，最好馬上過來。」他的聲音平靜，但語氣十分緊迫。

在維多利亞全科醫院，醫生找不出母親有任何問題。她失去意識倒在地板上，頭部撞擊到牆上而留下凹痕，醒來後才打給安德魯尋求幫助。她昏倒的那天早晨，才剛騎了九英里的腳踏車從鄉間回來。

「我不知道她昏迷了多久。」安德魯說。「可能有幾分鐘，也可能有幾小時。」

那晚，我、安德魯與喬納森在醫院裡陪伴母親，她滔滔不絕地講起無數的故事。她說起自己的童年，以及我們的過往。她告訴我的兄弟們，多年前曾說給我聽的那段故事：從富爾福德港步行回家，並在森林中睡了一夜。母親告訴我，她買了一塊墓地，因為曾見過一頭鹿在墓碑間吃草，她便知道那裡是對的地方，自己有一日將會那處安息。此外，母親還說了我從未聽過的故事，那些來自她遙遠的童年和在地面軍服役的回憶逐漸浮出。「我有一次為了避開德國戰機對路面的掃射，把腳踏車騎進溝渠裡躲起來。」話語如洪流湧出；一場暴雨襲捲深山，溪水隨之氾濫。

躺在病床上的她心情愉快、精神抖擻。醫生想讓她留院觀察一晚，說只是以防萬一，於是我們便回家休息了。我告知憂心忡忡的女兒們，奶奶已經住院，但一切安好。她們兒時和奶奶很親近，但長大後，反而是她開始漸行漸遠。她仍記得在每年聖誕節、情人節和生日寄卡片和禮物，來訪的次數卻越來越少。她似乎很難與孩童以外的成人相處。我知道，她不如當年還是個年輕母親時那般快樂——看著孩子們盡情奔跑，帶著鳥蛋、蘆筍或新鮮的鱒魚回家，那段往昔曾經如此美好。

她於二〇〇八年五月二十四日的夜晚，在醫院獨自離世。

她拔除了自己身上的監測儀器，因此心臟停止跳動時，警報並未響起。護士發現她雙手交叉於胸前，面容祥和，彷彿躺臥在森林幽谷。

我想，她最後聽到的，是黎明時分的萬籟合鳴。鹿走進樹林時，她也跟了過去，不讓步伐擾動任何草木。

我們收拾她的小公寓時，發現了一個裝巧克力的舊鐵盒，上面畫著一條鱒魚，裡面放有一些野鳥羽毛：貓頭鷹、啄木鳥、蜂鳥。一張便條上寫著「馬克的盒子，一九五六年」。那一年，我開始上學，也第一次去釣魚。盒子旁放著我的兩本書——《奔流》（*Run of the River*）和《怒月之河》（*River of the Angry Moon*），書封因反覆翻看而起皺，但她從未提及自己讀過。

那晚，我和女兒們坐在一起翻閱相簿，看著她們兒時和奶奶在一起的照片。她陪伴女兒們度過幼兒時期，但隨著她們長大、成為青少年、開始上高中，她的身影便在相簿中逐漸淡去。

「那似乎是很久以前的事了。」艾瑪說道，看著小時候的照片——她們和奶奶坐在花園裡，有如盛開花朵一般大的茶杯放置在一旁，等著給小精靈倒茶。

在母親的葬禮上，哥哥提摩西小心翼翼地拿著一個箱子，他將之打開，成群的白鴿從中飛出，在林中高地盤旋後，轉向鹽泉島的鴿舍離去。

我和女兒們站在墓邊，思考著父母與子女失去連結的方式，思考著河川的流速有多快，以及生命能有多輕易便沉寂下來。感謝一名隱居神父的智慧，死亡不再如此駭人，我已不再害怕離開女兒們。即便身處墓園，這般恐懼也沒有再回來困擾我。

然而，我那時並未發現癌症一事。

浮出水面

Swimming Up

我躺在推床上穿過走廊時，聽見輪子因安裝不正而發出咔嗒聲。為什麼沒有人修理呢？燈光掠過我的頭頂，昏沉的光芒，白色天花板，咔嗒，咔嗒，天花板，昏沉的光芒。

我們轉進明亮的房間，他們將我赤裸的身體抬置於手術台。其表面略為柔軟且具有黏性，如此我便不會像剖腹的魚一樣滑走。

那日早晨，我最後一絲的抵抗、因恐懼而繃緊的神經，在走進醫院時便徹底消失，因為我知道這日將決定往後餘生。現在，主導權交在他人手上。我靜靜躺在手術台上，外科醫生將切除我的攝護腺，希望能把生長於其中的所有癌細胞都移除乾淨。

我帶著完整的身軀進入醫院，知道自己將因此失去一部分。儘管如此，我還是會活下來。我認為這就和挖出一隻眼睛，以防止雙眼失明一樣。外科醫生坐在一旁，面對螢幕操控裝置，一隻機械手臂無聲伸展，準備刺穿我的身體。一張臉靠了過來。

「我是麻醉師。」他說。「請從二十開始倒數。」

我猶豫片刻。「二十，十九，十八……」我停了下來，記不得接下來發生的事情。在黑暗中，我聽見護士們移動。有人在擦拭我的腹部。手術台太黏，我無法抬起手臂。身體凝固，喉嚨乾渴、緊縮，舌頭黏在上顎，我急需要水。我先勉強舉起一隻手臂，將其從沾黏的手術台上拉出，接著換另外一隻。我伸出手，試圖尋找可以握住的手，如此便能將某人拉近以求助。

「你在練習游泳嗎？」一個女人的聲音在我身旁響起。片刻後，她明白了用意，於是握住我的手，靠了過來。

「水。」我請求。

護士將一塊濕潤的小海綿放在我的唇間，閉上嘴巴時，水如光明流進深淵。

「還好嗎？」她問。

「握著我的手。」我懇求道，她也照做，如此我便不會再漂向黑暗之中。

我以前也曾經歷過這般的處境——感覺自己處在虛無的邊緣，搖搖欲墜。

大約二十五年前，我獨自坐在醫院的病房裡，剛從一場車禍中倖存下來，那場事故幾乎將我所搭乘的那輛車撕裂開來。我和一位朋友在長灘露營，那時正值蜂鳥回歸的春季，我們看見成群的蜂鳥沿著陡岸飛舞，並四散在周圍的森林裡。開車回家的路上，約翰準備超越前方的慢車，踩下油門並加速前行，而一輛自卸卡車正好在面前轉向越線。

只見卡車的側面如同一堵牆赫然逼近，就如一座攔截溪流的大壩。

我們撞到卡車的側面，失控打滑，一時騰空，車軸在落入溝渠時斷裂，一路朝森林衝去。車輛的一側差點撕裂成半，而我什麼都沒聽見，只能任由玻璃如薄霧般噴灑在身上。我看見佇立於前方電線桿逐漸逼近，彷彿電影膠片在觀景窗中一格一格拖曳。如果我們直直撞上，必死無疑。

然而，車子猶如酒醉轉向一側，電線杆迅速掠過了我們。車子在森林邊緣顛簸停下，一團塵土隨之升起。

約翰的鼻子因飛出的玻璃碎片而出血，但並無大礙。

「你還好嗎？」他問。

「不好，我右邊身體撞到了。」我說。

「別動，我去找人幫忙。」

「先把我拉出來，把我拉出來！」

我正與恐慌對抗。在事故後的寂靜中，我以為自己聽到了火聲。

車子的右側嚴重扭曲，車門卡住打不開，所以約翰將我拉過座位，從駕駛側拖了出來。我並未流血，但右臀、腹部、肋骨和肩膀因瘀傷而發紫，且接下來的幾月都有血尿。但我還活著。

我躺在路邊等待救護車前來。我記得聽見嗚笛聲在遠處呼嘯，聽起來就像宵禁的警報在黑暗的草原中響起，引起郊狼的嚎叫。

我在日升前於病房中醒來，爬下床，感覺身體隱隱作痛，走到窗前等待黎明的合唱。那時，護士查房時發現了我。我凝視著黑暗，看著樹枝在路燈下擺動，欣賞這簡單之美。

「你不該起來的。」她說。

「我睡不著。」

「很痛嗎？」

「不會，不太痛。」我說。「只是很驚訝。活著實在太奇妙了。」

她站在我身旁，沒有說話，只是將手臂搭在我的肩上。我不知道護士是否學過這麼做，但在她們所做的事情中，表達支持與關懷肯定是最重要的。

護士在術後握住我的手，似乎正將我拉回生命中，帶來希望。

「你會沒事的。」手術人員在清理周圍時，她這麼說道。「手術結束了，很順利。我們現在就推你出去。」

不知怎的，一切都結束了，而我甚至還未數到十七。

他們將我抬上推床。年輕的外科醫生站在我身邊。

「手術時間比預期的還長。」他說。「開了五個小時半，而不是三小時。中途出現一些併發症。」

他說，攝護腺的形狀異常，所以開刀速度延緩，在割除之前得慢慢解開神經，希望至少能保留一點性功能的神經連結。這種連結不存在於肌肉組織裡，而是位在透過中樞神經系統傳達大腦訊息的神經纖維之中。若是完全斷開連結，兩端便會失去互通的途徑。

他還說，麻醉的藥效在手術不久後便消退，我又游回了朦朧的意識中。一名護士將我推走，回到先前那條走廊上，車輪照樣迴響咔嗒聲，燈光依舊令人昏昏欲睡。我陷入了沉眠。我因失去意識而力竭，可能是因為大腦感受到身體被穿透所產生的壓力。幾小時後，我睜開雙眼，看見瑪姬坐在床邊，身後則是艾瑪和克萊爾。她們正在閱讀，已經在病房坐了好久，等待我回到她們身邊。克萊爾看見我睜著眼睛。

「媽。」

在那一字中，我聽見如此多的擔憂、恐懼和愛，使我不得不深吸一口氣。有時，當受害者比作旁觀者更輕鬆。我與癌症的搏鬥、它在我體內散播的威脅，是我自己的疑慮，是我自己與疾病的鬥爭。我可以反抗，但無人能替我承擔這份重責；他人皆無能為力。所有愛我的人在面對這一切時都十分無助，目睹她們因此悲痛，使我痛苦不已。

我出院回家休養，但尿道仍然插著導管，腿上也綁有尿袋。只要小便就會疼痛，感到溫熱的尿液在袋中累積、貼在皮膚上。毫無尊嚴。

我躺在與瑪姬共枕多年的床上，漂泊無依的感受襲上。她躺在我身旁，不敢觸碰我脆弱的身體。藥物緩解了痛苦，但閉上眼時，會看見破碎的色彩在腦海中旋轉，並感到噁心而猛然驚醒。我停止服藥，偏好如地心引力般的痛苦將我穩穩拉向地球，拉向生命。

艾瑪和克萊爾也來陪我。她們帶來飛釣雜誌，說春天時我便會康復，再和她們一起外出。然而，我能看見她們眼中的恐懼。沒人知道癌症會如何發展，她們害怕，也許我們再也無法一起釣魚。

一日，護士溫柔地拔掉尿道導管、解開尿袋，我第一次感覺自己有機會康復。但疼痛依然存在，時不時困擾著我。有些人告訴我，他們在攝護腺手術後幾日內就康復了。一名女子也說，她的丈夫在術後幾周，就開始進行鐵人三項訓練。對此，我十分震驚。疼痛在身上蔓延了一個月之久。夜晚，我躺在床上，試圖回想性行為，但做不到——電路板已經徹底毀壞。

「你會好起來的。」瑪姬說。

「不會，」我說，「我變了，只得接受現況。」

她挪近我。

「我不接受。」

艾瑪和克萊爾每天都來和我聊天，來臥室與我相伴，我在那裡度過了漫長時光。艾瑪正準備從大學畢業，克萊爾也即將升大學，兩人都十分忙碌，卻又焦慮。不過，她們的心中懷有平靜的希望、相信我會堅持下去的信念——我不想讓她們失望。

晚上，瑪姬將頭靠在我的肩上，感受著她柔順的髮絲，我憶起與她一同躺臥在聖約瑟夫河的帳篷裡，和她一起在保隆河上划船，目睹灰熊高高佇立在我們上方。

我太過虛弱，無法去露營，也無法在荒野中遠足，所以只能在城市裡散步。我先是走到街區的盡頭（距離我們住的地方只有三棟房子之遠），之後繞了整座街區一圈。

很快地，我沿著熟悉的路徑穿過鄰近街區，一路走到峽谷，那裡坐落著一對郊狼的隱蔽巢窩，也曾有隻貓頭鷹在那處朝我猛撲過來、並穿過我曾飛快跑過的足球場。

雙腳開始行走後，我才真正感受到生命重新流入自己的身體。途經樹木，見證每一片綠葉的奇蹟，看見鳥兒輕輕飛過，駐足驚嘆於雨水滴入水溝的聲響。我感到力量逐漸回歸，如水一般滲透進來。腦海中浮現母親日記的開頭：「只要能散步，我就很開心。」

布蘭特神父總是告訴我要慢慢走、有目的地走，並記得停下腳步欣賞大自然。現在，我別無選擇，只能沿著街道曳足而行，研究鄰居的花園，看看人們如何塑造大自然以滿足自己的需求。綠草如塑膠地毯鋪滿各處，商業園藝車在街上巡邏著，割草機和吹葉機不斷轟鳴，以恢復整潔、維持秩序。我渴望回到荒野，但等待身體恢復和疼痛消退還要時間。我每天散步，驅策自己多走幾步路。我無法在綁製夾具前集中精神，記不起很久以前掌握的釣餌樣式。我試著寫作，但無法串起句子，連結的詞語消失無蹤，取而代之的只有一片空白。我想，這就是早發性失智症的感覺，彷彿在一個自己不認識的屋子裡醒來，不記得是怎麼進屋的。

時間流動，星期轉變成月，我已慢慢康復，皮膚上的疤痕漸漸癒合。我開始重新閱讀報紙，先專注於篇幅最短的報導。丟失故事的重點時，便從頭再讀一次，並隨著專注力改善，轉而讀起更長的文章。之後，我打開了伊塔羅．卡爾維諾（Italo Calvino）的《馬可瓦多》（*Marcovaldo*），這本書也稱作《城中四季》（*The Seasons in the City*）。書中以一段描述風從遠方帶來「不尋常的禮物」——意指蘑菇的孢子——為開頭。自那時起，我便深深著迷，直到故事在一百二十一頁之後結尾，一隻野兔消失在如紙一般潔白的雪地中以躲過狼的獵殺。我意識到，空虛本身也可以是個故事。

在攝護腺診所進行術後諮詢時，我和一位擁有正式頭銜但自稱「性護士」的女子交談。她說，性功能障礙是攝護腺切除手術的常見副作用。

「副作用的嚴重程度和持續時間因人而異。」她說。「其中一部分可能取決於你，因為最重要的性器官是大腦。」

我們隔著桌子互視，像在交差般虛應故事。

「自手術後，」我說，「我連性都思考不了，無法再想像那方面的事了。」

「嗯，你得試試看。」她答道。

一日，我起床，來到夾具前，綁製了一隻仿造淡水蝦的擬餌。它看起來小巧精緻，如此完美，我驚訝於自己能提取深藏於大腦某處的記憶，將遺忘的樣式還原出來。我心想：「裡面還有殘留的電路，只需要找到它就行了；你得重新使用它。」

我每周都逐漸好轉，但深知自己還不完整，且會花上很長的時間徹底復原。手術在我的身心都留下了缺口。研究顯示，患有攝護腺癌的男性罹患憂鬱症的比例是常人的四倍，我能感受到黑暗在內心升起，絕望的潮汐不斷起落。我的自我形象受到動搖，即便切除了攝護腺，卻也不確定癌症是否跟著消失。我想，自己也許永遠不會知道。

穿越森林小徑

The Path Through the Forest

第一次夢見那片幽暗的森林時，其陰森、無可知曉的寂靜令我不安。我走近一看，發現林中有個黑暗的缺口通向內部。我穿過草地並站在入口處，進入之後便毫無退路，被迫踏入這片昏暗的未知之境。眼睛逐漸適應光線，樹枝朝著隱藏的太陽編織成形，盤根錯節的樹根開始清晰可見，一路延伸至地底。森林猶如一張網，由彎曲的木枝纏繞，將天空與大地相連。

前方有一條不清晰的小徑，消失在灌叢中，似乎沒有出口。起初，那裡充斥不祥的感覺；如童話般的森林，小孩遊蕩其中，最後被女巫或野狼抓走。我聽見小鳥在濃密的樹冠上唱歌，以李歐納・柯恩（Leonard Cohen）的話來說，那即是「讓光照進來的裂痕」。我意識到，那條穿越森林的小徑會帶著自己前去某處，正當下定決心時，我卻醒來了。

夢醒的早晨，我重拾了人生的意義。我希望，與癌症的對抗已經結束。身體仍在癒合，疼痛有時還是會襲來，但我想回到往日生活，重新深入大自然——我覺得自己辦得到。首先，我得和之前一樣獨自去釣魚。女兒們會願意和我一同前去，但我擔心術後的自己太虛弱，無法再和她們一起涉水。因此，我想自己先試試看。

我將計畫告訴瑪姬，她質疑：「你確定嗎？」

「我確定。」我回答，盡量不表現出擔憂的樣子。我看見她的臉上所展露的寬心，就像她曾經認識的人正慢慢回到自己身邊。我開車出城，將漁具包和兩枝飛蠅竿放在後座，前往心之所向。

在夢中，我憶起幾年前發現的一條森林小徑，它通向河道彎處，鮭魚在那裡沿著彎曲的礫石岸游淌於淺灘。第一次發現那條小徑時，天色昏暗、寒冷，我凝視著樹林，好奇前方藏著什麼。我猶豫了一下，接著繼續前行。獨自釣魚時，最好不要想到熊或美洲獅，因為牠們總是潛伏於黑暗中伺機而動。我忍住回頭的衝動，直直穿過森林，找到了那條河流，但那日並沒有鮭魚。這幾年，這條小徑被我遺忘殆盡，直到它來到了我的夢中，呼喚著我。

回訪那片森林時，我決定不再去想癌症這件事。我沿著小徑走下河岸，那裡的巨樹裸露根部，陽光鮮少照到地面。小徑將我帶進一片茂密的柳樹叢，樹枝交錯，透出柔和的光線，眼前盡是綠意盎然。小徑通向乾枯的河道，除了微弱的水流，一無所有。這條河很快便會湧入流水，但現在仍是夏末準備入秋的時節，得等到十月落雨才能為河道解渴，讓這條河起死回生。

鮭魚正等待著秋雨抬高水位，為牠們開闢通往森林的道路。秋季時，鮭魚會從海洋洄游，大多和降雨同時發生，有些也會在夏季水位較低時抵達。牠們提前抵達，可能是出於不耐煩，或是知道其他魚所不知道的事情。牠們滯留在主要河道，直到驟雨來臨、所有小河開始流動。接著，牠們會沿著支流前去上游產卵。

那些在河道中等待大雨的鮭魚，正是我尋找的目標。只要捕到一條，我就能回歸正常，從術後的恍惚中清醒過來，想起曾經擁有的快樂。

離開小徑，我沿著乾枯的河道來到與斯闊米什河的交匯處。感覺鮭魚應該快來了，但大自然有自己的時間，人們永遠無法準確預測鮭魚何時會洄游。魚群到來時，會以跳躍濺起水花並將頭和背部探出水面作為宣告，彷彿在尋找地標來找路一樣。

我在岸上尋找鮭魚，目光掃視水面，但河水匆匆流過，沒有留下任何跡象，神祕莫測。我是否來得太早？還是我忘了如何解讀流水？

我和主河道之間隔著一條淺而湍急的支流。上次到訪時，很輕鬆便能涉水而過，但我今日不太有信心，不確定自己是否能站穩腳步。我不想以癌症倖存者的角度來思考，認為自己太過虛弱，無法像以前那樣輕鬆涉水，但我還是害怕絆倒，害怕被本應抬起我的河流擊潰。這個想法一旦溜進腦海，便難以擺脫。

支流的彼岸就是我想抵達的地方，我在前方的主河道上看見四名釣客，他們彼此隔著適當距離一一拋出飛釣餌。因此，鮭魚必定在那處。我輕輕踏入深及膝蓋的水流中，但河流似乎比先前更強勁，腳下的岩石也不太穩固。

遠處的釣客什麼都沒有捕到，但他們始終專注於一段水域，反覆向同一區域拋投。釣客們的堅持告訴了我，他們一定在那裡看到了什麼在移動，可能是深色的背鰭，或是尾巴的尖端。我想，那兒就是鮭魚聚集的所在，成群的生命正在那冷冽的灰色河水中顫抖、脈動。我必須去到那裡。

我又嘗試涉水穿過支流，但水深及腰處時，我便意識到水流太過洶湧。河流無情，試圖將我推向大海，我蹣跚退回起點，坐在河岸上等著什麼——或許是等著身體回復到以往的強壯。

我從口袋中掏出三明治開始吃午餐，一邊望著河川、水流和光線。我想，只要能離開病床、置身於河岸上，這一切皆足矣。隨後，一條鮭魚在湍急的蒼灰水流中翻騰，距離我只有幾碼之遠，幾乎能用魚竿的頂部觸碰牠消失的水面。我仔細瞧，不確定自己所見——

沾有淤泥的背影在灰濛且泥濘的水中移動——人們很容易將水的波光錯認為鮭魚發亮的背部。然而，又有兩條鮭魚從水中游出，展露銀色的側身，金色的眼眸一閃而過，隨即沉入水底。一群魚正沿著河岸逆流而上，被冰川的泥沙所隱藏。河流將魚帶到了我的身邊，直達我的腳下。

我慢慢站起身，嚼著最後一口麵包，注視流水，將釣竿的魚線解開，使其像貓尾一樣抽動。我輕輕揮動釣竿，將魚餌投至水面。釣餌沉沒，漂流了片刻，接著變得緊繃。夢境的提示和穿越森林小徑的行動為我帶來了一條剛從海裡游上來的鮭魚。我感受到魚在急切地拉扯，釣竿的頂端如心電圖般跳動。

我跌跌撞撞地追趕試圖脫身的鮭魚，拉回釣線，又在牠急速逃往下游更遠處時，失去了掌控。我已經一年多沒有釣到魚，對其無法征服的強壯感到驚訝。然而，隨著我收放釣線，讓釣竿吸收衝擊，慢慢消耗魚的力量，終於將牠拉上距離搏鬥開始有五十碼遠的水岸。我沿著河岸奔跑，踩過一塊又一塊的岩石，卻並未摔倒。我抱著魚一會兒，牠冰冷生硬，尾巴附近生有海蝨。這類的寄生蟲會在淡水中死亡，所以這條鮭魚可能昨晚才進入河裡，我則躺在城市裡做著夢。

對我來說，這條鮭魚彷彿奇蹟。我思忖著，魚是否能透過我的手，感受到我的脈搏，是否能理解這一刻的意義。牠的鰓張開又閉合，閃爍紅光——這條鮭魚踏上了橫越永恆碧綠之海的偉大旅程，游上這不朽灰濛之河，其生命旅途被我們此刻的相遇所銘刻。我打開手，牠奮力逃脫，向前衝去並消失於淤泥之中。

我緩緩走回上游，再次抛投，尚有機會擺動釣竿，另一條魚又抓住了釣餌。牠向上游的急流奔去，接著轉向下游，跳躍、拍擊水面，在陽光下濺起閃亮的水花。經過一番搏鬥，我將鮭魚放在平靜的水中，雙方都疲憊不已，但牠很快便恢復精神並游走了。我休息了半晌，穿著涉水裝坐在河中。不久後，又有一條鮭魚抓住我的釣餌。那天早晨，我在七次的抛投中捕到五條鮭魚，殺了其中五條後便停手。

我如夢初醒，發現豐足的漁獲，對自己的幸運不知所措，對再次回到水畔感到不可思議，對清新的空氣與河水的歌聲感到驚奇。我坐在岸上，將一條大型的銀魚擺在身旁的岩石上。休息片刻後，我回到樹林中，本想早點回家，卻在路上聽見鶯鳴：和我在夢中聽見的相同。我並未返回卡車，而是朝著另一方向前進，深入森林，穿過一片柳樹叢。我一時迷路，後來找到了另一條不曾走過的小徑通向小溪。我穿過溪流，靴子在泥濘的河岸上踩出深印，一路往上爬行，穿過群群樹木，朝著遠處的河聲走去。新的小徑帶我穿越雄偉的楓樹以及沙沙作響的美洲黑楊，陽光從高枝流洩而下，落在生於地面的漿果灌叢上。我在樹木的身影後，看見河水閃爍的光輝。

我坐在岸邊的茂密草叢中吃完午餐，一邊思索林中是否會有山獅出沒。我躺下，在樹冠灑下的斑駁晴光中入睡，眼皮的血液搏動、發出紅輝，接著褪入黑暗。醒來時，看見美洲黑楊向我近近俯身，樹枝如手臂般伸展保護著我。我沿著小徑走向河邊，一條美麗水流在眼前展開，依著寬闊的礫石灘延伸出一個街區的範圍。河水平滑如人行道、寬如公路，幾名飛釣者散落在這條大道上，彷彿在路邊等著搭便車。他們將釣餌投向一大群鮭魚，魚兒在水中擺動並濺起水花。河灘的銀鮭將道路擠得水洩不通，彼此相互推擠，不時有人拉鉤，將大魚從遠處拉上河的對岸。我走進河中，至水深及腰部，小心用腳試探河床，仍無法像其他飛釣者那般深入，河水已經深至他們的胸部，離鮭魚更近三十英尺。我盡可能將魚線拋遠，但釣餌落在鮭魚群之外，兩小時內皆一無所獲。我始終抱持期盼，希望有條魚會向我的拋投範圍內游去，不過總得適時停下——時間就是這樣，最後一粒沙落下，該放手的時候便放手。釣魚之旅到了盡頭，我涉水回到岸上，回頭仍可看見一排飛釣者將他們的釣線拋向魚群。

我想再回到先前那幸運的水域釣魚，但已經在那裡度過了完美的早晨，我就此罷休。因此，我帶著收穫的鮭魚朝卡車走去。途中爬上山丘，涉水靴輕輕掠過捲鬚——它攀附於一棵經歷五百年歲月的老樹，探索著根莖。

疲累爬上我的身體，但我似乎變得更強壯，精神越加振奮。我重新思考人生，思考重獲機會意味著什麼，思考自己能夠做出什麼改變。我很滿意這一日，將來也能夠帶艾瑪和克萊爾來到這條河流，指向岩石後方的水域，引導她們找到等待已久的鮭魚。就算魚兒那時已經離去，我知道她們仍會享受在幽暗的森林中漫步，珍惜和我一起從陰涼之地走向河畔的光明。

幾周後的一場明媚秋日，艾瑪、克萊爾和我開車沿著溫哥華的海天公路前行，在往斯闊米什河的路上，豪灣的壯闊美景於面前展開，群山冰川的淤泥流入河水而變得混濁。

艾瑪與克萊爾都在大學忙著建立自己的獨立生活，我想把握時間和她們相處。這是我術後第一次和她們一起釣魚，所以算是個特別的日子。我們前往河邊，太陽照射在公路下的蔚藍大海，以及遠處層層交疊的碧綠山脈上。

我告訴她們，自己覺得癌症已經根除，但還是會定期檢查是否復發。我說五年後就會知道結果，儘管內心深知自己永遠不會知道確定的答案。

「我可以感覺到自己在康復。」我說，她們則靜靜看著窗外的風景。能再次和她們一起前往游著鮭魚的河流，我無比開心。開車的路上，我首次談及自己的焦慮，不僅關於癌症，還有早期對於死亡的恐懼，以及一生中不時困擾著我的另一種黑暗。

「憂鬱症很難理解。」我坦承。「我的生活很美好，但這道陰影會不時突然出沒，沒有任何理由。我有時會恐慌、想要逃離。我不知道那是從何而來，或是什麼原因造成的，它毫無理性可言，讓我很難和妳們的媽媽好好相處，總是惹得她心煩意亂。我一直試著理解這部分的問題，我們也會去找諮商師尋求幫助。」

我等了好久好久，才終於坦露出這些藏於深處的心聲。

「我一直試著去理解它。如果我能對抗癌症，我也能對抗它。」我說，這種黑暗的感受始終深埋於內心，時不時就會冒出，但自己一直壓抑著，直到罹患癌症使我徹底崩潰。

「但和癌症不同的是，焦慮不能像多餘的組織一樣切除掉，」我說，「所以從某些方面來說更難處理。」

它纏困著我；挫敗感、無以名狀的悲傷、失去一切的痛楚。浪淘會撞擊海岸並消退，但我總是擔心，自己有一天會被拖到海裡，就此溺斃。

我和瑪姬看了很長一段時間的心理治療門診，諮商師建議我走上自己的道路，透過坦率談論內心的感受來找到穿越幽暗森林的出路。開車去河邊的那日，我終於做到了——對生命中最重要的兩個人坦承自己的傷痛。這麼做感覺很好，猶如從深水浮出水面般釋懷。我沒有像母親那樣書寫日記，若我有，便會將其交給女兒們，並說：「給妳們讀一讀。」

在我承認除了癌症之外，自己還正與憂鬱症搏鬥後，女兒們並未展露出震驚的樣子，也沒有尷尬的沉默，或因強壯的父親揭露自身脆弱而感到沮喪。她們不害怕父親不是她們心中理想的樣子，更不擔心父母之間的關係存有缺陷。相反地，女孩們開始談論自己的感受，談論她們的自我懷疑，以此表達：我們理解。在那一刻，我感受到她們對我不容質疑的愛。她們說，我是誰並不重要，即便有點破碎，但也正努力尋找自己的路。

——

女兒們提及自己如何應對壓力、她們的自卑感，以及由於我這一代人強加給她們的氣候危機，而對未來感到的深切恐懼。她們瞭解大自然的價值，也正努力理解人類為何盲目地造成如此嚴重的破壞。她們甚至還思索，是否該在這般動盪不安的世界養兒育女，這使我相當心痛。

「每個世代都會面臨生存危機。」我說。「對我而言，是對核浩劫的恐懼。老師以前會在學校教我們怎麼躲在課桌下，我還在家裡保存報紙，如此便能用來遮住窗戶，因為我當時相信紙可以阻止輻射穿透玻璃。」

「過去的人們會擔憂瘟疫或飢荒，甚至一度認為龍可能會下山將自己的村莊焚燒殆盡。人們似乎總得害怕某些重大的事情，也許正是這種共同的恐懼使部落團結起來。」

女孩們靜靜聆聽著。

「可是我們的龍是真實的，不是抽象，也不是象徵性的。」艾瑪說。

「害怕某些事情或許是人類的本性，」克萊爾說道，「但社會共有的恐懼通常會促使人們採取有意義的行動。然而，對於全球暖化，我只看到與危險相符的行為：管線仍在建設，油砂仍在開採，地球變得越來越熱。」

「沒錯，」我說，「但你們這一代不僅希望有個更美好的世界，還積極付諸行動來實現。所以，我希望妳們能有孩子，因為他們能夠繼承妳們著手改善這個星球。」

這不是個很有說服力的論點。我知道自己不必畏懼氣候變遷這條惡龍，因為我沒有足夠漫長的歲月能目睹完全的損害，當時，將會震撼世界的瘟疫還尚未來臨，在那陽光普照的日子裡，我們對那場恐懼毫無所知。

我們一邊談天，一邊開車抵達河邊，沿著夢中的小徑走進森林。我期盼鮭魚還在那裡遊蕩，也希望自己有足夠的力量能自在地涉入深水。

我們越過古老的雪松林，正要抵達河畔時，在路上遇見一片榿木灌叢。作為飛釣者，必須學會在糾結的灌木叢中提著九英尺長的釣竿行走。我穿過樹枝，女兒們緊緊跟著我的步伐，沒有讓釣竿或魚線被蔓生的植被纏住。我憶回兒時在朋提克頓溪爬過灌叢的情景。

我們來到河邊，那裡的水流曾將我的釣餌帶往鮭魚洄游的路徑上。

「不知道魚還在不在這裡。」我說。

河流瞬息萬變，鮭魚隨心所欲地游動，水位不時上升又下降，本應有魚的地方會突然變得空無一物，因此每次來到河邊，都得從頭開始搜尋。

「投向那塊岩石後面的水域。」我說道。

艾瑪快速拋投，釣餌落下不久便勾住一條明亮的銀鮭。魚兒拉著她衝下潭底，一路奮力掙扎，直到被拉上岸。克萊爾走進河裡展開釣線，也做了同樣的事。鮭魚又跳又跑，直至筋疲力盡而落到手邊。

那日，河流向她們敞開大門。她們並非處於自然之外，而是成為其中的一部分，冰川的灰濛水流圍繞她們流淌，天空低垂，鮭魚飛奔並獵捕釣餌。捕了幾條魚後，她們的釣餌便乏人問津，獨自在水中漂蕩。

「水裡還有魚，」我說，「但都被騷動嚇到了。我們現在應該離開，上游還有一段很長的水域，我在那裡看過一大群魚。魚兒都擠在一起，我上次涉水不夠深才抓不到牠們。去看看吧。」

我們順著小徑走，步出樹林後，艾瑪和克萊爾站在礫石灘上，注視河流，觀察流水的縫隙，以及躺臥在遠處、逆著主流的鮭魚。她們閱讀流水，盡可能涉水到深處，比我上次走得更遠。我站在後方觀看。她們前幾次的拋投都並未成功，但隨後便有魚上鉤：兩條鮭魚躍出，高高騰空並舞動著。之後的幾次拋投又釣到了獵物，鮭魚在釣餌後方瘋狂追逐，在強勁的水流中奮力追趕。

女兒們在釣魚的過程中說笑、逗弄對方，讓這場釣魚之旅更有挑戰和樂趣。克萊爾在和一條鮭魚搏鬥時，艾瑪說道：「趕快把魚拉上岸。」她吃力地將魚拖到岸邊，卻在最後一刻讓魚跑回河中，順著水流將釣線拉向遠方。

「我沒辦法拉近，我健身的時候只舉得起五磅的啞鈴。」克萊爾說道，她的釣竿因重量彎曲，鮭魚仍不斷試著逃脫。

那條鮭魚掙扎了許久，始終占著上風，克萊爾難以應付如此強大的抵抗，但依舊堅持不懈，漸漸將鮭魚的力量耗盡。魚兒猶豫了一會兒，在水中掙扎，克萊爾施加壓力，向岸邊退後並將鮭魚從主河道中拉出。幾分鐘後，鮭魚在她腳邊的淺灘中打滾——就在我起身要幫忙拉上岸時，魚鉤脫落，鮭魚逃回魚群中。克萊爾坐在水中，難以置信地舉起雙臂。

打了這麼久的仗，最終一無所獲。艾瑪發出哀嘆。

「搞得太久了。」克萊爾說道，她們兩人都笑了出來。

我站在礫石灘上，看著她們在翻騰著鮭魚的水面上拋投。兩位年輕女子的拋投流暢，不時調整釣線，沉浸在節奏中，直到鮭魚上鉤。魚兒又大又強壯，才剛從大海遠道而來，靠著好運和多年在水上的經驗，我們趕上了鮭魚的洄游，完美融入自然的運行之中。

幾個小時後，鮭魚不再上鉤。準備收工時，艾瑪捕到了最後一條，熟練地將其拉近，克萊爾則幫忙抓住尾部並拖上岸。

「我想留下這條魚，晚上可以和朋友分享。」艾瑪說。

我們將一身銀灰的鮭魚提上河邊，其顏色正如冰川一樣。我用浮木輕敲了一下，魚一動也不動。艾瑪將其剖開並取出內臟，把水潑上岸以清洗沾滿血跡的石頭。鮭魚結束生命之地，魚鱗在濕潤的石頭上閃爍光輝，猶如礦物的微粒，猶如天空上的斑點星星。

艾瑪在離開前於河中洗淨雙手，最後一滴血隨著水流而去，這即是洗禮。

我們坐了半晌，聆聽河流沖刷而過的聲響，宛如克萊爾孩提時所穿的芭蕾舞裙，不斷旋轉且不感頭暈。那天走在小徑上，我一直思索著死亡，並非出於恐懼或憂鬱，而是思考其現實的本質，在腦海中反覆忖量。面對死亡，唯有接受並擁抱這般的現實。罹癌的我曾與死亡只離一步之遙，它伸出手撫過我的臉龐，隨後便離去，讓我繼續活下去。即便我已不再完整，死亡也可能歸來，我仍然很幸運能回到流水與群樹的懷抱，和女兒們重得過往的親密。我們的關係或許變得更加親近，因為她們都已步入成年，成為了摯友般的存在。艾瑪帶著鮭魚走回小徑，我們那天不僅獲得了豐收，在尋找魚的過程中也找到了其他東西，使彼此生命的羈絆更加牢固且緊密。當然，還有喜悅。

幾星期後，我的身體恢復了健康，睡眠逐漸平穩，醒來時也不再疼痛，一切相當樂觀。我想再和艾瑪與克萊爾去釣魚，詢問她們是否能在忙碌的生活之餘，安排一次旅行。我知

道，她們再過幾年就會從大學畢業並出社會工作，和我在一起的時間只會越來越少，而且也不確定在那之後，還有多少機會能接觸飛釣。不到一會兒，艾瑪便回覆：「等不及了。」克萊爾則表示：「我會去的。」

我們一同去到河畔，那裡的流水溫和，女兒們在小時候曾來過此地。秋時的河流清澈且水位低，涉水相當輕鬆。我走得慢，留心觀察流水，看見一條鱒魚浮上，其銀色的身影隨著水流漂移，我告訴艾瑪：「那裡有一條。沿著那塊浮木投下去。」我以竿尖指向目標。

「不，那條是你的。」她說。「我只想看看。」

我拋投，魚餌第一次漂流便上鉤。艾瑪穿著涉水裝快速前來，一路濺起水花，幫我撈起一條虹鱒。我們欣賞了其完美的型態，將牠從網中放走，重獲自由。

「能回到這條小河真是太好了。」我說。「我不曾在上游釣過魚，去探險看看吧。」

河岸很陡，沒有路徑通往上游，於是我們涉入河中，女孩們不時伸出手臂助我支撐。過去是女孩們依靠著我，如今，她們皆已成長茁壯，與我不同。河水冰澈，深及腰部，狗兒薩米游在身後，全然信任我們知道路怎麼走，也很高興能再和夥伴們一起外出冒險。我們慢慢行走，觀察新地方，在山谷深處發現一座長型的水潭，離道路很遠，可能曾未有釣客到訪過。

「這就是我們一直在尋找的。」我說。

「不錯的河段，」艾瑪說，「還有魚浮在遠岸上。」她以竿尖指著鱒魚在水面留下的痕跡。

我坐在岩石上，看著艾瑪和克萊爾就位並開始向浮魚拋投。她們還是小女孩時，只能勉強揮動對自己來說太大的釣竿，但現在已成長為少女，能在荒野的河流中優雅地隨心涉水。她們的拋投技巧嫻熟且從容不迫，不時有完美的小虹鱒咬上魚餌並引起一片騷動，伴隨著旁人呼喊的建議、狗吠和歡樂的笑聲。

半晌過後，魚兒不再上鉤，只願意捕食真正的蜉蝣。十月的天氣難得如夏日般炎熱，我們穿著涉水裝，雙腿浸泡在冰冷的水中吃午餐，看著渺小的深色蜉蝣在頭頂翩翩起舞。艾瑪在釣餌盒中，找到和蜉蝣的顏色與體型完全相符的魚餌，她將之舉起，克萊爾則點頭表示贊同。她們換上新的樣式，很快便各自捕到一條鱒魚。蟲群飛離水面，游魚沒入水底，太陽越過深谷，山影斜倚在森林和河流上。一切皆是如此協調一致。

「該回去了。」我說，女孩們也知道時候已到，開始收起魚線。我們涉水順流而下，穿過樹林，河流在腳下漸漸消失。

經歷疲憊的一日，開車回家的路上顯得漫長，但我知道這趟旅程極為重要。重歸流水是一種賦予生命意義的方式，彷彿是在說：好吧，就算死亡再怎麼接近，至少我們還有過這一天。克萊爾坐在後座，狗兒將頭靠在她的膝上，艾瑪則和我一起坐在前座，負責挑選歌單的曲目。我們喜歡一起去釣魚，但在那趟回家的路上，我深知如此美好的日子會越來越少。

流水的羈絆

Bound by Water

術後幾年的一場冬天，克萊爾從英格蘭返家——她當時正在劍橋大學攻讀碩士。她在英國的住處附近有一座水庫，那裡能夠釣到鱒魚，但她並未遇到任何與自己一樣對飛釣感興趣的同學，也不想一人獨自前往。

「他們的確會在這裡釣魚，」她在電話裡說，「但情況很不一樣。他們會坐在河岸的椅子上，那裡的河流更像運河，而且我也還沒看過有人使用飛釣。」

我們前去英格蘭探望克萊爾，她帶著我們沿著康河騎腳踏車，人們乘著小船和駁船遊覽，十分浪漫，也在雙槳賽艇競速滑行。在小道上，她與坐在摺疊椅上的人談天，他們緊緊坐在一塊兒，望著自己的釣餌在沉悶、平靜的水中輕輕搖晃。

「有什麼收穫嗎？」她會這麼問，岸邊的人們則高興地重新清點捕獲量，或是解釋為何一無所獲。天氣是常見的藉口：不是太冷、太熱，就是風太大或太平靜。

「有時會釣到小鱸魚，有時則是狗魚上鉤，但從沒見過有人捕到鱒魚或是鮭魚。」沿著河畔騎腳踏車時，克萊爾說道。

她並未釣魚，而是全心投入學業，不知她是否會將這件事拋諸腦後，或許會就此停手，讓釣魚成為與父親的童年往事。

當她回家過聖誕節，釣魚的時節已經過去，但我的侄子猶大——他那年一直擔任著嚮導——說自己知道可以在哪裡找到遲來的銀鮭魚群。

即便機會渺茫，但克萊爾很想前去，於是我們在一場寒冷潮濕的早晨出發，從溫哥華開車到哈里森河畔。我們的卡車是唯一停駐的車輛，大雨傾盆而下，克萊爾因為忘記帶雨衣，把塑膠垃圾袋撕出一個洞並套在頭上，像個斗篷一樣披著。我們出發，雨的薄幕圍繞著沿岸，鉤在美洲黑楊的淒涼樹枝上。

我們沿著主河道涉水走下，銀鮭有時會在面前的淺灘驚慌游走。前一晚，我們坐在一起綁製紫色、藍色的釣餌，談論上大學的焦慮，以及應對俄羅斯同學騷擾她的壓力。他有時會在克萊爾進教室時擋住門口，故意坐在旁邊，一言不發地盯著她。情況變得如此糟糕，她會避免去到任何可能會遇到對方的公共場所。我問，是否該替她向學院院長投訴。

「不用，」她說，「我會自己處理。」但我看得出來，她並不想這麼做。我很擔心她，課業負擔沉重，她的自我要求也很高，無一刻鬆懈。
「有時候，壓力會大到讓我不知所措。」她說。
「妳知道，」我在沉默良久後說道，「如果真的無法負荷了，是可以隨時退出的。」
她將目光從綁製夾具上抬起。
「不行，我不能放棄。」她說，並完成了鮭魚釣餌。
隔日要喚醒克萊爾時，她早已準備好前去釣魚。
大雨滂沱，毫無止息，冷冽而潮濕。
「就像一條從天空流到地面的河。」我抬頭看著落下的雨說道。走到哈里森河畔時，感覺整個世界都由流水構成，我們在其中漂流。我們順著一條狹窄的河道走向主河，水位變深後，我們開始擺動釣餌向遠岸拋投，讓水流的力量帶領釣餌橫過河流並回到我們面前。克萊爾持續拋投與涉水，我則在一旁觀察，看她是否需要我提醒她如何拋線。然而，她就算中斷了釣魚一段日子，很快又能重新抓住要領——她始終記得一切。
克萊爾進入狀況，揮舞釣餌，再次拋投。我知道她其實並不期望收穫，而是進入了心理學家所稱的「心流」。在這狀態下，人會沉浸於體驗中，彷彿那就是當下的一切——隨著暴雨漸弱，拋投、呼吸，聽著雨滴打落在樹上的聲音。

在一座水池中，幾條銀鮭的背部不斷從深暗的水中浮出水面，一旁交錯著纏結的樹根，那裡游著兩、三條魚，但流水複雜而難以解讀。克萊爾得將釣餌拋到樹根附近，然後迅速向上游扔出一圈魚線，如此得以修整並讓釣餌有時間下沉，以免被水流帶離鮭魚所在之處。

在那處拋投相當棘手，柳樹倒垂於水上，只留有狹窄空間供後方拋線。我提醒她，要轉頭觀察魚線在身後移動，正如初學時那樣，如此便能追蹤釣線，將其保留在灌叢之間的範圍。

「想像妳在教堂裡拋投，」我說，「要保持魚線不觸碰到長凳。」

她將釣線從水中提起，拋過右肩上方，穿越樹枝，快速執行假拋投並射向樹根。釣餌的落點正好，她輕輕向上抖動手腕以修整魚線，往上游拋出環狀的釣線，前晚綁製的藍、紫色釣餌沒入深暗的水中。魚立刻上前出擊，攻勢如此劇烈，魚竿的頂端被猛然拉向水面。「哇哦！」克萊爾驚嘆，猛地將之抬起以使魚鉤固定，鮭魚試圖將她拉進池中，彎曲的釣竿正被極限拉扯。

野生銀鮭不易捕捉。牠向下游猛衝，又轉身游回，水底閃爍暗銀色的光輝。魚在兩岸之間拉扯，其衝擊在池中掀起漣漪。我不知該給出什麼建議，一切都發生得太快，情況似乎毫無希望，交錯的樹根等著纏住釣線，克萊爾能做的就是堅持下去，直到不可避免的結局到來。猶大跑來幫忙，告訴她往上游移動，在水流中邁步。

「慢慢後退，把鮭魚拉著走。」他說。「牠會跟著妳來。」

她向上游移動時，銀鮭也隨之跟上，很快便在淺灘中拼命掙扎。猶大像優秀的嚮導一樣追著鮭魚，敏捷地抓住尾鰭上方的狹窄部位。

克萊爾從他手中接過鮭魚，將之留在水中並朝向水流，一手握著尾巴上方，另一手托住腹部。那條鮭魚重達十二磅，肌肉發達，身側抹有紅色，頭部和背部呈綠色，魚鰓隨著呼吸在水中搏動。其顏色和帶有黑色齒齦的鉤狀下顎，表明牠是一條成年鮭魚，已準備好產卵。

「真像聖誕飾品。」克萊爾說道。

牠的大嘴張開，克萊爾將釣餌取出，小心翼翼地手指遠離暴露的尖牙。她鬆開手，鮭魚迅速游開，巨大的尾巴拍打水面，將水花濺在她的臉上。

驟雨暫緩，很快又開始綿綿落下，我們回到卡車上，克萊爾又濕又冷，雙手蒼白且麻木。我們將塑膠袋撕開，她笑了出來，很驚訝能釣到這麼大的魚。一條鮭魚，五小時的寒雨，以及純粹的快樂——她深深著迷而喜悅。克萊爾和她姊姊一樣，被一條大魚啟發，成了一名飛釣者。她不再是個孩子，無論父親去到哪裡探險，都會跟在後頭；如今她已是個成年人，因為天空的河流與野生鮭魚值得見證，而在冬日踏上一場旅程。
我們坐在卡車裡，暖氣全開，啜飲咖啡，直到身體不再顫抖，暖和到可以開車回家。

——

克萊爾在聖誕節過後回到學校，準備為接下來的職涯制定計畫。艾瑪幾年前離家去到維多利亞大學的法學院就讀，但離溫哥華不遠，我們仍可以在周末進行釣魚之旅，分離的疏遠感也相對沒有那般嚴重。

那年冬季，我在機場望著克萊爾登上飛往英格蘭的航班，深深感受到彼此相隔一座大洋的遙遠距離，以及家裡兩間臥室如今的空虛。我試著微笑，試著揮手，裝作不在意這場離別，即使深知她畢業後不會再回家與我們同住。

我感到全身麻木，彷彿失去了什麼重要的東西。這即是C・戴－路易斯（C. Day-Lewis）在《離去》（*Walking Away*）——這首詩講述父親在兒子上學時，內心經歷分離的掙扎——中所描述的「炙熱的磨難」。

克萊爾的身影高挑而優雅，在機場的人群中穿梭，舉止帶有自信，十足是個朝著未來邁進的年輕女子。我一直注視著她，直到她穿過安檢並進入候機室。我試著不表現出情緒，但仍感到自己失去了依靠，於是伸手拉著瑪姫，以防止自己被時間的川流沖走。艾瑪已經離開，如今克萊爾也去到千里之外。這場離別、這場炙熱的磨難，標誌著我作為父親角色的結束，但接著開始的又會是什麼？

無論我們的關係變得如何，都將不復以往。

我記得艾瑪在海斯基特那片迎風的海灘上第一次邁向成年。暴風攪動大海，鯨骨從海灣中浮出，最終被帶到營地並供奉於營火旁，但那根肋骨再也回不到鯨魚的身上。我們看著克萊爾離去，希望作為父母，自己已經給予女兒們足夠的智慧、韌性與自信——我希望她們能帶著這些離開。除此之外，還有良好的拋投技巧。

克萊爾回到大學完成論文，向院長投訴一直騷擾自己的同學，迫使他終止這項行為。下次見到克萊爾時，是在劍橋大學的畢業典禮上。她身著黑色長袍，參加古老而莊嚴的儀式，我想起她用塑膠圾垃袋裹著身體，在哈里森河舉起雙臂與野生的太平洋鮭魚搏鬥，且天際不斷往群山落下暴雨的情景。她制伏了那條強壯的魚，將其捧在手上，又放回河中。就某種意義上，那也是一場頒授學位的典禮、學習飛釣技藝與工藝的旅途。

我十六歲生日那天，在父親的車上睡著，身旁放著剛得到的飛蠅竿；五十二年後，我獨自回到了穆爾溪。

早晨醒來時，我會回到初次摸索飛釣的水域，以慶祝自己六十八歲的生日。

我在黑莓灌叢旁的空地上停車，父親在多年前的那晚也是將車停靠在同個地方。

我在清晨的黑暗中甦醒，手足僵直地爬起身，穿上涉水裝和有毛氈底的靴子。我不再穿運動鞋和牛仔褲涉水，冰冷的河水會引起關節疼痛。我走進公路橋下的溪流，順流而下，雙腳在泥濘中行走，不同於兒時，此地曾是一片乾淨的礫石。我在深及膝蓋的溪流中，正對著老舊的伐木場——那裡正是我用飛釣捕到第一條鱒魚的地方。如今，我能夠輕鬆地將釣線拋向對岸，優雅而精確，不似過往那般只會笨拙地掃過水面。

我等待潮水到來，但並未帶來任何海鱒。水位上升，我的視線可及之處，水面光滑且毫無痕跡。沒有魚的蹤影，也沒有細微的起伏。

潮水漲至最高點後，我繼續朝著河口向下涉行，穿過沿岸交錯的黑色樹枝，不時在淤泥中滑倒，彷彿在墓地中蹣跚而行，以為會遇見女巫。

我順著一片海藻床向北走，小時候曾在那裡見過游動的鮭魚。我發現了一條新開鑿的道路，從陡峭的山坡一路往下延伸。堆土機劃開森林，將傷口蔓延至海灘上方，冬季風暴在那裡堆出一道礫石堤，使水位創下新高——看來有人正計畫在野生海灘的邊緣建造房屋。我曾於此見證虎鯨獵捕，牠們在一年夏天沿著海岸追逐銀鮭並進入小溪，一群明亮的銀色鮭魚在淺灘跳躍，黑白相間的虎鯨則在魚群面前推起波浪，接著又返回水深之處。一條鮭魚逆流而上，慌張地擱淺於礫石灘上，我將牠撿起作為當天的晚餐。

經過新道路通往海灘的地方，森林依舊濃密、翠綠、潮濕，清澈的水從懸崖的樹根捲鬚上滴落。兩千五百萬年前的蛤殼鑲嵌在砂岩，我抬頭望著古老海床的紀錄，彷彿自己漂浮於時間之中。一隻白腹魚狗降落在附近的樹枝上，將我帶回現實。牠是隻公鳥，頭上展示著藍色羽冠，發出短促的鳴聲，沿著海岸飛向遠方。

卷積雲猶如沙脊延伸於天際，映襯著像魚狗背部一樣蔚藍的天幕，在海上逐漸消退。大自然的每一部分都精準契合在一起，除了那條道路所留下的不和諧傷口，一路通向雨林的死路。我擔心房屋在此處建成，人們將坐在室內欣賞美景，就像他們在朋堤克頓溪與其他地方所做的那樣。「這景色不是很美嗎？」他們會如此說道，且毫不知情這世界又失去了什麼。

十幾歲時，我搭便車來到蘇克，獨自在這片海灘上睡覺，躺臥在傾斜的漂流木下，整夜聽著海浪不斷拍打。翌日，我在黎明到來前，用釣餌鉤到一條三十磅的切努克鮭。我並未釣到那條大魚，但搏鬥了很久，直到我的手臂開始作痛。我將魚拖引至離岸十英尺的地方，那巨大的銀色身影轉向湛藍海水中，以無可阻擋的力量奔馳。我故意緊拉魚線，使其在魚鉤處斷裂，若不這麼做，魚不僅會帶走釣餌，線輪上的昂貴釣線也會遭殃。

魚有時會戰勝，而這是件好事。

然而，那些在海灘上建造房屋、在森林中開鑿道路和開發工地的人，並不知道這一切，也不知道大自然失去了什麼美好。他們不會見自己所造成的破壞。

在海灘散步後，我回到穆爾溪口，逆流而上，回到停車場。小徑兩旁長滿喜馬拉雅黑莓和金雀花，這些外來的入侵性植物隨意蔓生。我在路上遇見兩位帶著孩子散步的年輕母親，她們甜美又開朗。還有位戴著眼鏡、要去海灘為自己的花園採集海草的老婦人，她有一張愉悅、曬得黝黑的臉龐，她向我詢問了釣魚的情況，並讚美周遭的美景。我想跟她說，這裡五十年前仍是荒野，割喉鱒常常隨著潮水洄游而來，但我只是微笑著點點頭，繼續前行。

我坐在陽光下接起手機，女兒們和瑪姬打電話來送上生日祝福。她們都在工作，忌妒我能到野外遠足。我告訴她們，自己年少所認識的溪流已經改變，但依舊能認出其中的一部分。

「不過，沒有鱒魚。」我說。

「爸，繼續找找看，」艾瑪說，「也許會有一條魚在等著你。」

隨後，我去到橋的上方搜尋，找到溪流的彎處；五十年前，一條硬頭鱒曾於那裡浮出水面，咬住我的釣餌，其下顎發出啰嗒聲。曾經容納完美游魚的溪流，如今充斥著砍伐山坡所堆積的淤泥，硬頭鱒再也找不到藏身之處。前往上游水潭的路上，我穿過一片保留完好的古老樹林，這些大樹奇蹟般地躲過遭受砍伐的命運，幾十年來仍然屹立不倒，猶如莊嚴的老者矗立於溪畔。我將手靠在其中一棵樹上，兒時第一次來到這座水潭時，便是站在同一棵樹旁，注視著洄游的割喉鱒停留在巨石前。我將釣餌漂向目標時，另一條較小的鱒魚逕自衝了出來並上鉤，掙扎著拍打水面，把大魚嚇跑。那時生機勃勃，萬物充滿活力，現在卻只剩下一片死沉的寂靜。

年少的我到訪此處時從未見過其他釣客，站在曾經生活過硬頭鱒、鮭魚和海鱒的空蕩水潭之上，我明白了有多少自然的美好在短短一代人的時間裡逝去，海格－布朗的警示儼然成真，或許比他想像的後果更加全面、更早發生。

我順著流水回到下游，心中默默祈禱著，希望割喉鱒能再次隨著潮水而來，希望硬頭鱒和鮭魚能回到西岸的河流與小溪。然而我也深知，除非人們聽見布蘭特神父的教誨，學會以愛看待大自然，感受其神聖，否則這種情況不會發生。

——

對某些人而言，靈性揭示於《聖經》；對另一些人來說，靈性存在於拋出的釣餌，或是存在於手中捧著的游魚之眼。值此時刻，我們得以體驗冥想狀態，重新進入自然世界，再次理解地球的夢境。這門技藝值得瞭解，值得教授。

成為父親後，我將女兒引入飛釣的世界，成為嚮導帶領她們「瞭解地球與其計畫」，如同布蘭特神父所描述的那般。

我獨自一人學會飛釣，過程艱難且充滿挫折，只要女兒們願意，我便會帶著她們前往水邊學習。女兒們還小時，我幫她們穿上笨重的涉水裝和毛氈底的靴子，教導她們拋投、涉水、放生，以及殺生。是的，生死也是其中一環。我無法傳授對於飛釣的熱愛，那得出於她們自身的抉擇。飛釣將會是她們的使命，也可能不是。

艾瑪與克萊爾現已成長為年輕女子，兩人都十分喜歡釣魚，但不似我那樣對此懷抱著夢。她們不會以和我同樣的方式看待群山，也不對流經山脈之間的藍色水帶深深著迷。

對女兒們而言，飛釣因為能讓她們與彼此和父親建立羈絆，才具有意義和重要性。我們外出時，她們經常一邊散步，一邊笑著談論年輕女性的話題，我則在一旁研究流水。她們不會像我一樣看見水面掀起幽微的波紋，知道有魚經過，只是微微隱藏在視線之外。

她們不會像我一樣深入且迅速地解讀流水，但她們能夠捕捉河流故事的主線，且喜歡和我一同閱讀、一同理解。

教導她們飛釣對我而言非常重要，並非因為想讓她們在水上陪伴我，而是因為這會塑造她們的性格，將她們拉近自然。

沒有預料到的是，與她們分享這件事的意義，對我來說也格外重大。它已成為了我們關係中的重要聯繫；無論天氣是惡劣或晴朗，我們都會一起行動，且常常一趟旅程便持續幾日之久。它讓我們得以談論生死，談論血結、釣餌樣式，以及隱居神父的教誨。

連結我們的線已經投下，而拋投的過程即是魔法。

女兒們的誕生改變了我，如同見證奇蹟一般，與她們一起飛釣、分享大自然的寧靜，以及看著她們從小女孩成長為年輕女子，也讓我的生命獲得意義。

我見證了她們呼出第一口氣，在她們邁出第一步時伸手扶住，聽見她們說出第一句話，經歷她們第一次的心碎，並意識到自己無法永遠保護她們；每一年的生活都是一場奇蹟——美麗，出乎意料，難以言喻。

此外，我還見證了她們用飛蠅竿進行第一次拋投，第一次涉入河流，第一次捕獲鱒魚，以及第一次放生——這些皆使我心生喜悅。

然而，一種即將到來的失落感也如影隨形，且隨著時間的推移而增長，使我意識到這般美好的光景無法永存，她們的生命將會歸於遠方，孩子終得在成年後離去，走上自己的道路。

我們不僅因血脈而相連，也因流水而羈絆。但是，河川會繼續流動，沒有任何事物——無論是岩石或山脈——能夠阻止它流向海洋，流向更浩瀚的存在。

當然，孩子與父母分離是生命必經的過程、是歷史一再講述的古老故事，但發生在自己身上時，便是一種全新的悲劇。終有一日，搖籃會變得空蕩，孩子會離開家鄉，父母則站在空無一人的門口，或者在熙攘的機場裡被陌生人包圍，口頭的告別於片刻間結束，心頭的告別卻永無止息。

我知道這無可避免，但仍深深冀望，飛釣能夠成為她們和我之間的紐帶，緊緊聯繫姊妹與父女之間的情誼。

我相信，飛釣會使她們變得更堅強。

克萊爾離家的幾年後，寫了一張父親節卡片，向我證明了這一點。

「和你一起釣魚，讓我學會保持平靜，並觀察周遭的世界，」她寫道。「也教會了我保持好奇心，因為自然中總有新奇的事物等著發掘。儘管我永遠不會喜歡殺魚，或是取出深深扎入魚嘴的釣鉤，但這帶給了我勇氣，教會我如何自給自足，以及如何在過度自信的男人面前，捕到更多的魚。」

卡片裡還附有她親手綁製、藍綠相間的鱒魚釣餌。

父女之間的關係並非總是如此融洽，但我們一直很要好，我認為這歸因於彼此都對大自然的美懷抱驚嘆之心。當人們對我說：「妳的女兒們長大後都發展得真好。」我會承認這應該歸功於她們的母親，且很難想出自己在教養方面有什麼樣的貢獻——我唯一做的，是為她們打開飛釣與自然世界的大門。父母、朋友、家人和老師會塑造一個人的性格，而荒野河流、偏遠山湖和大魚也同樣會影響人的一生。

現今，我時常會收到艾瑪的簡訊，她在繁忙的律師事務所上班，忙著為原住民社區爭取環境賠償。

她會在上班時間抽空寫道：「一起去釣魚吧。」我們便計畫溜到鱒魚溪或鮭魚河。克萊爾則致力於訂定環境政策，以及維護哥倫比亞省人權方面的工作。她住在維多利亞，也就是我兒時開始嘗試飛釣的城市。她會去探訪我幾十年前探索過的水域，有時會打電話詢問該用何種釣餌樣式。由於魚類數量減少，她如今不會和我過去那般懷抱捕魚的美夢去到河邊，但她很高興能涉足我童年的水域，與我的過去連結，並總是希望能在我釣過魚的地方捕獲鱒魚或鮭魚。她會自己綁製釣餌，還擁有一整列的飛蠅竿。

我完成本書的最終草稿時，艾瑪和克萊爾都宣布自己懷孕了。她們預計在秋季分娩，兩人的產期相隔幾周，屆時的樹葉會漸漸染黃，鮭魚將從大海返鄉。她們仍然擔憂氣候變化，以及人類的愚蠢與破壞，但也開始相信世界的未來——她們透過大自然，找到了自己的信念。

我以雙臂擁抱女兒們，感受到她們肩膀上的力量，想起我曾小心翼翼地抱著還是嬰孩的她們，深怕讓她們摔傷。如今，當我感到無助時，當我們涉入深河時，我依靠著艾瑪和克萊爾的支持走下去。

我在她們身上感受到平靜，那是由流水所塑造、由晨霧湖泊中的寂靜，以及密林河流的歌聲所塑造。我看見的，不只是眼前的年輕女子，還有她們喧嘩的誕生——以其原始之美令人讚嘆、她們孩提時踉蹌的步伐、她們的想法形成言語並開始質疑宇宙的閃耀時刻、她們首次完美的拋投，以及手握冰滑的魚兒而露出驚奇表情的片段。我看見的不僅是成熟的女人，還有她們生命的流動與延續，以及她們身為母親的未來——將有一日，她們會帶著自己的孩子一起涉水，教導他們拋投和解讀流水。

此刻已是黎明。我醒來時，感覺自己終於踏上布蘭特神父所說的「通向一切的道路」。我們都熟悉的神聖河流在遠處默默流淌，我在光線下轉動左手，於中指關節附近尋找那微小、白色的疤痕。那道疤依舊可見，隱約卻模糊，像個魚骨架，訴說著一段回憶。

致謝

Acknowledgments

查爾斯・布蘭特神父在二〇〇〇年逝世前幾個月，許可了我在本書中引用他的格言。〈分水嶺〉、〈復活節的祝福〉與〈河水流向之處〉這幾個章節的主題取材自我的部落格「河川永不入眠」（A River Never Sleeps）中的短文，該部落格已不再更新。

〈釣獲放流〉一章中提及的斯多尼溪是我虛構的化名，目的是為了保護這條溪不受干擾。一些湖泊的名稱與海斯基特營地的位置，都因故而指涉含糊，也是出於同樣的原因。在〈聖約瑟夫河〉和〈海斯基特〉中講述的事件，是融合多次旅行的經驗所寫成，但內容如實描述。

G・克利福德・卡爾和W・A・克萊門斯所著的《英屬哥倫比亞淡水魚類第五冊指南》中附有法蘭克・L・畢比的黑白插圖，以及六幅未註明出處的游釣魚彩色圖像。這本平裝手冊於一九四八年由英屬哥倫比亞博物館出版，缺乏藝術授權似乎是出於疏忽。J・R・

戴蒙（J. R. Dymond）所著的《英屬哥倫比亞的鱒魚及其他遊釣魚》（*The Trout and Other Game Fishes of British Columbia*）由加拿大漁業部於一九三二年出版，內容附有與英屬哥倫比亞博物館出的手冊相同的彩色圖像，並註明其出自皇家安大略博物館的E．B．S．羅傑爾（E. B. S. Logier）之手。

釣魚教我關於做父親的事

〔identity〕008

Reading the Water: Fly Fishing, Fatherhood, and Finding Strength in Nature

作者｜馬克・休姆（Mark Hume）
譯者｜李仲哲
副總編輯｜洪源鴻
責任編輯｜洪源鴻
行銷企劃｜二十張出版
封面設計｜曾子倢
內頁排版｜虎稿・薛偉成

出版｜二十張出版／左岸文化事業有限公司
發行｜遠足文化事業股份有限公司（讀書共和國出版集團）
地址｜新北市新店區民權路108-3號3樓
電話｜02-22181417
傳真｜02-22180727
客服專線｜0800-221029
信箱｜akker2022@gmail.com
Facebook｜facebook.com/akker.fans
法律顧問｜華洋法律事務所／蘇文生律師
印刷｜呈靖彩藝有限公司
出版｜二〇二四年七月（初版1刷）
定價｜四二〇元

ISBN｜9786267445341（平裝）9786267445327（ePub）9786267445310（PDF）

國家圖書館出版品預行編目（CIP）資料
釣魚教我關於做父親的事
馬克・休姆（Mark Hume）著／李仲哲譯／初版／新北市／二十張出版／左岸文化事業有限公司出版／遠足文化事業股份有限公司發行／ 2024.07
320 面／ 14.8x21 公分
譯自：Reading the water : fly fishing, fatherhood, and finding strength in nature
ISBN：978-626-7445-34-1（平裝）
1.CST：休姆（Hume, Mark） 2.CST：回憶錄 3.CST：釣魚 4.CST：親子關係
785.38 113007820